업그레이드 코리아

매일경제신문사

코리아 디스카운트에서
코리아 프리미엄으로

사람에게 인격이 있듯이 나라에는 국격이 있다. 지방선거와 대통령선거, 월드컵과 아시안게임 등 '빅4' 이벤트가 한꺼번에 치러지는 2002년. 한국에 주어진 지상과제는 국격을 높이는 '한국의 격상(Upgrade Korea)' 이라는 키워드로 집약된다.

최근 포린 어페어스지에 '브랜드 국가의 부상(the Rise of the Brand State)' 을 기고해 세계적으로 이목을 끈 피터 밴험은 "잘 나가는 나라에는 분명한 특성(character), 즉 국격이 있으며 이를 브랜드로 만들어 국제사회에 체계적으로 알리는 투자자 관리(IR)가 있다"고 밝혔다.

한국은 과연 어떻게 국격을 격상시킬 것인가. 격렬한 변화와 무한경쟁이 세계를 지배하고 있는 21세기에 '현상유지(status quo)' 란 곧 패자(敗者)를 의미한다.

최장집 고려대 교수는 "잠시 정지해 뒤를 돌아보며 반추하고 싶을 만큼 지금의 문명은 숨가쁘고 가파르다"며 글로벌 자본주의의 초(超)속도성을 지적한다.

사공일 세계경제연구원 이사장의 말처럼 세계는 한국을 기다려 주지 않기 때문이다.

현재에 안주하는 것은 곧 퇴보를 의미하는 마당에 '격하(Downgrade)' 가 한국의 선택이 될 수는 더 더욱 없다. 그렇다면 '업그레이드' 뿐이다.

매일경제신문이 2002년 기획테마로 업그레이드 코리아를 선정한 것도 이 때문이다. 한국기업 한국상품 한국인 등 '한국' 이라는 브랜드 때문에 손해를 보는 현 상황을 타파하지 않고서는 한국 경제 재도약은 불가능하다고 보기 때문이다.

자급자족으론 연명할 수 없는 한국은 고립된 섬으로 존재할 수 없으며 따라서 세계무대를 상대로 스스로 위상과 가치를 높이는 것 말고는 번영과 평화를 담보할 길이 없다.

한국은 그러나 '격상' 은커녕 제값조차 받지 못한 채 헐값으로 취급받는 신세다. 박찬호는 미국 프로야구 메이저리그에서 가장 값비싼 특A급 선수로 떠올랐지만 그를 낳은 한국에 대해 월가(S&P 기준)는 BBB+라는 어정쩡한 신용등급을 매기고 있다.

세계경제는 G7이라는 선진 7개국이 좌우하고 있건만 한국 '등급' 은 헝가리, 체코, 슬로베니아 등 동유럽권 국가보다 낮은 수준으로 평가되고 있다.

삼성전자는 세계 최고 반도체업체를 다투건만 그 주가는 대만 하류 업체보다 사실상 아래다. 그래서 일부 외국인 주주들은 코리아 디스카운트를 피하기 위해 본사를 외국으로 옮기라는 과격한 제안도 하고 있다. 제 몫도 못 찾는 한국. 억울하지 않은가, 통탄할 일 아닌가.

국가신용은 추락하기는 쉽지만 다시 올려놓으려면 험난한 과정을 거쳐야 한다. 한국 국가신용등급도 IMF 사태가 터지면서 두 달 새 급락했지만 4년이 지난 지금도 위기 전 수준을 회복하지 못하고 있다. 세계경제가 급격히 위축되면서 상대적으로 한국 경제지표가 우수한데도 제 대접을 받지 못하고 있는 것이다.

신용등급 A국가의 프리미엄은 크다. 이를 위해 국가전략적인 접근이 필요하다. 외국 신용평가기관들에 대한 협상력을 높여야 하며 기업경영 투명성도 개선하는 노력이 필요하다. 한국이 전세계가 지켜볼 월드컵을 겨냥해 ‘역동하는 한국(Dynamic Korea)’과 ‘아시아의 중심(Hub of Asia)’을 국가 브랜드로 내세운 것은 뒤늦기는 했지만 이 같은 A등급 국가를 향한 국가전략 차원에서 환영할 만한 일이다.

코리아 디스카운트를 업그레이드로 바꾸는 작업이 이제 본격 시작된 것이다. 그렇지만 중요한 것은 결국 그 이름을 채우는 내용이다. 그런 맥락에서 한국을 실질적으로 격상시키는 첫 도화선은 정치개조에서 시작된다.

“한국이 선진국이 되지 못한다면 그건 정치 때문”이라는 프랜시스 후쿠야마 존스홉킨스대 교수의 말을 빌리지 않더라도 한국의 정치는 그 동안 한국을 이끄는 엔진이 되기는커녕 수시로 펑크를 내는 낡은 타이어로 작동해왔다.

매일경제는 2001년까지 7차례에 걸쳐 선진한국을 위한 비전코리아 국민보고대회를 개최했지만 법과 제도를 만드는 정치권이 변하지 않고는 무망하다는 것을 직시하고 양대 선거가 치러지는 2002년을 ‘정치개조 원년’으로 삼았다. 더 이상 정치가 경제의 발목을 잡는 일은 없어야겠다는 것이다.

특히 선거철만 되면 위기가 반복되는 남미형 경제에서 벗어나기 위해서도, 기업인들이 마음놓고 기업활동에 전념할 수 있도록 하기 위해서도 정치개혁은 필요하다. 5년 주기로 반복될 가능성이 큰 위기의 반복사슬을 이번에는 끊어야 한다.

'디스카운트 코리아' 현장인 주식시장에도 일대 변화가 일어나야 한다. 한국 증시가 제대로 가동되면 종합주가지수는 현 수준보다 두 배를 훨씬 넘는 1500대 정도는 될 수 있다는 것이 증시 전문가들의 견해다.

이상훈 맥킨지 파트너는 "한국 증시가 OECD 국가 수준으로 운영되고 평가되면 새로 발생할 자본이득은 무려 400조원에 달할 것으로 추산된다"고 예측했다. 증시가 선진국 수준으로 업그레이드된다면 우리를 짓누르는 공적자금 문제도 돌파할 수 있다는 뜻이기도 하다. 냄비처럼 쉬 끓었다 쉬 식는 증시 특성으로 인해 무려 100조원 이상이 날아가고 있다.

또 주주중시 경영은 말뿐이다. 기업도 수익보다는 외형 성장에 급급하고 있다. 영업활동을 통해 이자도 못버는 기업도 많고 기업퇴출도 적기에 이루어지지 않고 있다. 주가가 터무니없이 낮거나 배당도 못하는 기업들은 과감하게 시장에서 퇴출시켜야 한다.

이런 한국 증시를 둘러싼 문제점들이 개선되어야만 한국 증시의 업그레이드가 가능하다. 한국의 격상은 무역과 금융 그리고 지식을 통해 더욱 구체적인 모습으로 현실화할 수 있다.

대외 무역의존도가 절대적인 우리로서는 이제 수출전략에서도 일대 전환이 필요하다. 세계가 자유무역협정(FTA)으로 한 동아리와 단일시장으로 발전해 나가는 데 한국은 FTA를 단 한 건도 체결하지 못한 채 국제시장에서 고립을 자초하고 있다. 이런 상황을 극복하지 않으면 한국은 신용등급 'A' 회복 불가는 물론이며 영원한 B급 국가로 전락할 가능성이 크다.

또 국내 산업의 'e트레이드' 활성화에 총력을 기울여야 한다. 지식산업 수출 등 이른바 '新수출전략'도 함께 강구해야 한다.

기업 인재육성 시스템도 바뀌어야 한다. 그 동안 한국기업 인재양성의 축이었던 공채와 연공서열에 따르는 한국식 연봉제 등 구시대 인재육성시스템은 이제 버려야 한다. 새로운 기업환경에 맞는 인재시스템구축을 서둘러야 한다.

금융을 빼놓고 국부를 논할 수 있는 시대는 이미 지났다. 하루에도 1조5000억달러가 세계를 넘나드는 지금, 달러에 대항해 유로화가 패권경쟁을 벌이는 것을 보고만 있을 수는 없다. 세계 돈이 한국을 중심으로 교류하고 경유하는 '머니 허브'를 구축하는 노력이 필요하다.

이와 함께 '업그레이드 코리아'는 튼튼한 기초를 필요로 한다. 국민의식, 과학기술 등 기초분야에서 든든한 기반이 구축되어야만 장기적으로 국격이 높아진다. 특히 월드컵 등 국가적 이벤트는 기초질서 등 국민의식을 한 단계 업그레이드할 수 있는 좋은 기회다.

이 책은 모두 5부로 구성돼 있다. 책에 담긴 내용은 2002년 정초부터 매일경제신문 편집국이 '업그레이드 코리아' 기획물로 보도한 것을 단행본에 맞게 다시 엮은 것이다. 특히 'A등급 코리아'는 LG경제연구원, '한국 증시 2배 키우기'는 맥킨지, '인재가 기업 경쟁력'은 타워스페린 등이 공동으로 참여해 내용이 알차고 심층분석도 이루어졌다.

1부는 'A등급 코리아'로 헝가리에도 못미치는 한국 국가신용등급 현주소와 이를 높이는 전략을 다루고 있다. 정진건 손현덕 특파원과 경제부 김정욱 이진우 김대영 기자 그리고 공동기획사로 참여한 LG경제연구원에서는 이창선 부연구위원, 박상수 책임연구원 등이 기획·조사·기사작성에 수고를 했다.

2부는 업그레이드 코리아를 위한 최대과제인 정치분야를 다루고 있다. 특히 2002년에는 지방선거와 대선이 잇달아 열려 자칫하면 정치가 우리 경제의 발목을 잡는 사태가 염려되고 있다. 황봉현 차장, 김상협 기자를 비롯해 정치부원 전원이 힘을 모아 한국 정치에 대한 인식, 97년 증후군 재발방지 방안 등을 집중적으로 다루었다.

3부는 '한국 증시 2배 키우기'로 증권부 조경엽 차장, 최경선 유봉석 기자와 맥킨지에서는 이상훈 파트너, 제이슨 박 등 4명의 컨설턴트가 참여해 공동으로 기획했다. 한국 기업에 대한 평가, 한국 주가가 제 대접을 못받는 이유, 증시시스템 개편 등을 집중적으로 조명했다.

4부 '자유무역협정 체결하자'는 사회부 김성회, 경제부 김대영 기자가 맡아 취재했다. 세계자유무역협정 실태와 이 경쟁에서 뒤처지고 있는 한국, 자유무역협정 체결 대책 등이 주요 내용이다.

5부는 '인재가 기업경쟁력'으로 기업들의 인재양성과 관련한 문제점과 개선방안이 주요 내용이다. 산업부 황인혁 기자와 세계적인 인적자원관리업체인 타워스페린이 공동으로 기획했다.

이 밖에도 업그레이드 코리아 기획에는 편집국 모든 기자의 직간접적인 참여와 아이디어 제기가 큰 도움이 됐다. 아울러 출판을 맡아주신 서인경 출판국장과 편집담당자들께도 진심으로 감사의 뜻을 전한다.

사람과 돈, 물자와 지식이 몰리는 한국, 명성과 평판이 자자한 한국, 웃돈을 주고라도 환심을 사야 하는 한국 등 진정으로 업그레이드된 코리아 실현에 이 책이 보탬이 됐으면 한다.

2002년 3월

매일경제신문 편집국장 **권 대우**

업그레이드 코리아

2002년 3월 30일 초판 1쇄 · **엮은이** 매일경제신문사 편집국 · **펴낸이** 장대환 · **펴낸곳** 매일경제신문사 www.mk.co.kr · **등록** 1968년 2월 13일 (No. 2-161)
주소 우) 100-728 서울 중구 필동 1가 30번지 · **전화** 02) 2000-2610~2 (출판팀), 02) 2000-2645 (영업팀) · **팩스** 02) 2000-2609 · **이메일** publish@mk.co.kr

ISBN 89-7442-226-3 · **값** 6,000원

1 A등급 코리아

헝가리보다 낮은 한국등급

"헝가리가 우리나라보다 국가신용등급이 높다고요?"

2001년 12월 초 김대중 대통령을 수행해 헝가리를 방문했던 한 경제부처 장관은 "헝가리가 A등급인 줄은 몰랐다"며 놀란 표정을 지었다. 신용평가기관인 스탠더드 앤드 푸어스(S&P)가 2001년 10월 한 단계 상향 조정한 우리나라 국가신용등급은 'BBB+'.

헝가리를 포함해 우리보다 경제부문에서 한 수 뒤떨어진다고 여겨지는 체코, 칠레, 슬로베니아 국가등급은 우리보다 한두 단계 높은 'A' 또는 'A-' 다. 이들 국가 중 1인당 GDP가 우리보다 많은 곳은 한 곳도 없으며 경상수지나 재정수지도 우리가 월등히 나은 편이다.

그럼에도 불구하고 헝가리 국가등급은 96년 1월 'BB+'를 시작으로 줄곧 상승해 2000년 12월에는 A등급 국가로 올라서며 한국을 가볍게 눌렀다. 우리나라도 거시지표 상으로는 2001년에 이미 A등급으로 올라서는 것이 당연한 것처럼 보인다. 그러나 현실은 그렇지 않다. S&P가 우리나라 국가신용등급을 'BBB+'로 한 단계 상향 조정할 때도 '아찔한 순간'이 있었다. 미묘한 시기에 정부 관리들이 눈물겨운 설득작업에 나서지 않았다면 전혀 다른 결과가 나올 수도 있었다는 후문이다.

국가신용등급이란 '외채를 떼먹지 않고 갚을 수 있는 능력'을 의미한다. 외환위기 와중에서도 외채를 꼬박꼬박 갚아냈던 한국 신용등급은 왜 이런 지경에 이르렀을까.

전문가들은 '우리나라=A등급 국가'의 걸림돌로 기업·금융 구조조정 부진, 지지부진한 은행 민영화, 자본시장 미발달, 외환위기 경험, 후진적인 정치시스템, 통일비용 부담 등을 꼽고 있다.

이런 이유로 우리나라가 이류국가 대접을 받음으로써 적잖은 불이익을 당하고 있다. 디스카운트 코리아(외국인 불신 등으로 한국 주식이 제값을 받지 못하는 현상)가 그것이다

삼성전자, 포철 등 우량기업들은 국가등급을 웃도는 신용등급을 받는 것이 어렵기 때문에 외자조달 등에서 외국 경쟁사보다 불리하다.

A국가를 만드는 것은 대외신인도 제고, 기업경쟁력 강화 등에 그치지 않고 국제통화기금(IMF) 관리체제 후 잃어버린 한국민 자긍심을 되찾는 것이다. 국가신용등급이 당장 한 단계만 올라도 연간 수억 달러에 달하는 이자비용이 줄어들고 외국인 직·간접 투자를 더 유치할 수 있는 효과를 거둔다.

A국가로 가기 위해서 통일비용처럼 우리가 중장기적으로 준비해야 하는 것도 있지만 당장 시작해야 할 일도 적지 않다. 현재 S&P, 피치(Pitch)는 한국에 대해 BBB+ 등급을 부여하고 있다. 무디스(Moody's)는 한 단계 낮은 Baa2 등급을 주고 있다. 여타 신흥국가에 비하면 빠른 회복속도다. 그렇다면 이 같은 신용등급은 과연 한국 경제에 합당한 것일까.

신용평가기관이 국가신용등급 평가시 중요시하는

7개 경제지표를 선정하여 살펴본 결과 우리나라 각 경제지표들은 AA등급에는 못미치더라도 A등급은 되는 것으로 평가되고 있다. BBB+등급 국가와는 현격한 차이를 보이고 있기 때문이다.

정부부채와 대외부채 규모는 대체로 A등급과 비슷한 수준이며 2000년 9700달러였던 1인당 국민소득은 A등급 국가 평균치(9200달러)보다 높다. 경상수지나 재정수지 역시 A등급 평균치보다 낮다. 경제지표만으로 판단해 본다면 우리나라는 최소한 A등급은 받아야 한다는 결론이다.

한국의 신용회복이 지지부진한 이유는 여러 가지다. 우선 외환위기의 전력 자체가 중요한 사유가 된다.

A등급 개도국 중 칠레와 체코를 제외하고는 외화부도나 외환위기 경험이 없는 국가가 대부분이다. 그나마 칠레와 체코의 외화부도는 90년대 이전 일이다.

LG경제연구원이 계량분석을 한 결과 외환위기를 겪은 나라들은 그 사실 자체만으로 신용등급이 두 단계 낮게 평가되는 것으로 나타났다. 경제지표 외에 주관적 평가도 큰 영향력을 발휘한다. 신용평가회사 미래예측능력이 여기에서 판가름나기 때문이다.

신용등급이 미래 채무상환 능력을 의미하는 만큼 과거 못지않게 미래 변수도 중요하게 고려된다는 설명이다. 신용평가사들은 한국에 부실기업이 상당수 존재하며 정부가 대다수 민간은행의 대주주라는 점을 주목하고 있다.

한국 · 헝가리 국가신용등급 추이

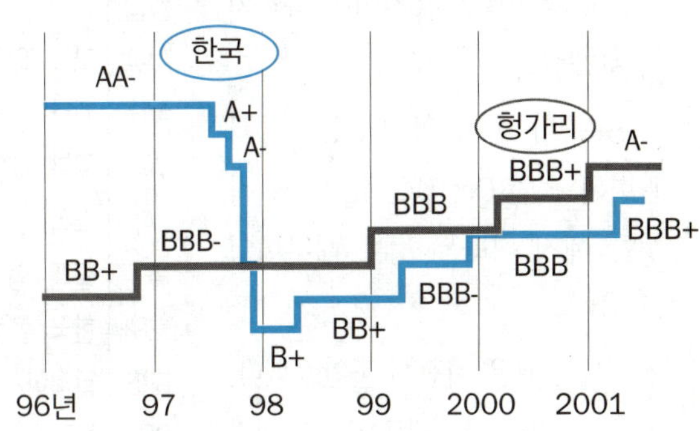

* 투자적격: BBB- 이상 (S&P 기준)
자료: S&P

신용등급별 경제지표 비교

단위: 달러, %

구분	한국	AAA	AA	A	BBB	BB	B
성장률	4.1	2.7	3.4	3.8	4.3	3.5	1.8
1인당GDP	9700	26000	19800	9200	3600	2000	1400
물가상승률	3.9	2.0	2.0	4.3	3.9	6.6	11.1
경상수지·GDP	4.4	1.7	1.7	−3.1	−2.3	−2.9	−2.8
재정수지·GDP	−1.8	1.7	−0.7	−1.1	−2.9	−2.1	−2.9
정부부채·GDP	54	46	53	38	40	67	81
총외채/수출	73	–	–	66	89	151	148

* 신용등급은 2001년 12월 20일 현재 S&P기준. 성장률, 물가상승률, 경상수지, 재정수지는 97~2001년 평균임. 1인당 GDP는 2000년 기준(IMF). 정부부채, 총외채는 2001년 말 추정치(S&P). 우리나라의 정부부채는 정부의 지급보증까지 포함.
자료: IMF, S&P

신용등급조정 막전막후

2001년 9월 말 재정경제부 국제금융국 직원들의 움직임이 바빠지기 시작했다.

'S&P가 한국 국가신용등급과 관련된 초안(Draft)을 10월 초 작성할 예정'이라는 정보 때문이었다.

당시 상황은 여전히 불안정했다. 미국 9·11 테러사태로 세계경제가 꽁꽁 얼어붙고 인도네시아 등 아시아 국가 위기는 가속됐던 시기였다. 대통령이 집권당 총재직을 사퇴하는 등 국내 정치상황도 작지 않은 부담이 됐다.

재경부가 내놓은 대응책은 '정공법'이었다. 김용덕 재경부 대외차관보는 신동규 당시 국제금융국장(현 FIU 원장)을 포함한 실무진을 미국 뉴욕에 급파했다. 실무진은 여기서 한국담당 간부를 좇아 다시 싱가포르행 비행기에 몸을 실어야 했다. 한시바삐 한국 정부 방침을 설명해야 한다고 판단했기 때문이다. 접촉 결과 아닌게 아니라 S&P의 평가 중 상당 부분이 한국에 일방적으로 불리한 것이었다.

결국 정부 실무팀은 조르다시피해서 실사협의를 사실상 다시 한 것으로 알려지고 있다. 그럼에도 정부 실무진이 철수할 때까지 재협상 결과를 확신할 수 없는 상황이었다.

그러나 같은 해 10월 13일 S&P는 '한국 신용등급

등급	국 가
AAA	미국, 영국, 프랑스, 독일, 싱가포르
AA+	캐나다, 벨기에, 스페인
AA	일본, 대만, 이탈리아
A	그리스, 쿠웨이트
A-	칠레, 헝가리, 이스라엘, 체코
BBB+	한국, 폴란드, 카타르
BBB	말레이시아, 중국
BB-	브라질
CCC	인도네시아
SD	아르헨티나

주요국 국가신용등급(S&P 기준)

을 한 단계 상향 조정한다'고 발표했다. 거꾸로 돌아갈 뻔했던 시계바늘을 간신히 돌려놓은 셈이다.

S&P의 국가신용등급 상향 조정은 한국 경제에 중대한 전환점이 됐다.

'한국 경제의 차별성'을 국제적으로 공인시키는 결정적인 계기가 됐기 때문이다.

이미 몇 달 전부터 국내외 연구기관들이 한국 경제를 낙관하는 보고서를 잇따라 발표하고 있었으므로 당시 대부분 전문가는 S&P의 등급조정을 당연시하는 분위기였다.

그러나 S&P의 등급조정은 결코 당연한 것이 아니었다. 전문가들은 "한 나라 국가신용등급을 한 단계 끌어올릴 때는 등급을 떨어뜨릴 때에 비해 몇 배의 노력이 필요하다"고 입을 모은다.

보수적인 신용평가의 특성상 등급하향에 비해 등급상향의 리스크가 훨씬 크기 때문이다. 부도난 회사가 잃어버린 신용이나 대출처를 다시 회복하기 어려운 것과 같은 이치다.

외환위기 당시 한국 국가신용등급이 6~12단계 떨어질 때 걸린 시간은 2개월여에 불과했다. 그러나 지난 4년 간 회복한 신용등급은 2~8단계에 그쳤다. 위기 이전에 비하면 **여전히 4단계씩 낮은 수준이다.**

"대학은 특정기술보단 창조적 사고력 기르는 곳"

리처드 레빈 예일대 총장은 "대학은 창조적 사고의 원천이 되는 곳으로 세계가 요구하는 시대적 가치관을 만들어 내야 한다"고 전제하고 "이를 위해 예일대는 세계를 폭넓게 수용하는 글로벌 대학이 될 것"이라고 강조했다.

최근 대통령 6명 중 4명을 배출한 명문 예일대를 이끌고 있는 레빈 총장은 "대학은 항상 새로운 피가 영입될 수 있도록 젊은 학자들에게 문호를 열어 놓아야 한다"며 이같이 말했다. 레빈 교수는 교육에 경쟁과 시장 원리를 도입하는 데 대해 "교육 질을 높인다는 점에서는 이론을 달 여지가 없으나 그 혜택이 일부 계층에만 돌아가도록 해서는 안된다"며 "교육개혁의 요체는 어떻게 하면 혁신 결과가 교육계 전반으로 확산될 수 있느냐에 있다"고 지적했다.

경제학자로도 명성이 높은 레빈 총장은 9·11 미국 테러사태 후 경제에 대해 "미국은 이미 테러 전부터 침체일로를 치닫고 있었다"고 진단하고 미국 경제가 케인스학파가 말하는 유동성 함정에 빠질 가능성이 높음을 염려했다.

예일대는 지난해 개교 300주년을 맞았다. 대학 역사가 말해주듯 미국과 국제사회에 큰 기여를 했다. 300년을 맞은 지금 예일대가 지향하는 대학상은 무엇인가.

▶나는 크게 세가지 의제를 설정했다. 먼저 창조적 사고의 원천이 돼야 한다는 점이다. 대학은 특정한 내용이나 특정 분야에 관한 기술을 연마하는 곳이 아니다. 우리가 살고 있는 세계에서 요구하는 사고틀을 개발하는 보다 넓은 의미의 기술(skill)을 닦는 곳이다. 창조적 사고가 결여된 대학은 존재 가치를 잃는다.

9·11 테러 후 우리는 매우 중요한 시점을 맞았다. 미국과 예일대간 동맹 그리고 세계에 대해 새로운 생각과 가치관을 요구하고 있기 때문이다. 이런 점에서 미국 대학은 유럽과 개념이 다르다. 한국은 오히려 미국에 가깝다.

둘째는 산학협력이다. 나는 대학에서 수행하는 연구개발이 국가경제에 도움이 된다는 점을 25년 동안 연구를 통해 체득한 사람이다. 미국이 번영하고 있는 것은 대학의 기초과학과 기술을 산업에 접목했기 때문에 가능했다고 해도 틀린 말이 아니다. 대학이 이러한 기업가정신을 계속 유지하는 것은 매우 중요한 과제다.

셋째는 세계대학(global university)을 만드는 일이다. 대학은 세계 문제에 대해 보다 폭넓은 접근을 필요로 한다.

세계대학 개념과 비전에 대해 좀더 구체적으로 설명해달라. 최근 매사추세츠공대(MIT)는 영국 케임브리지대와 사이버부문에서 강의·교과내용 등에 협력하고 있으며 프랑스 인시아드(INSEAD)는 싱가포르에 제2 캠퍼스를 만들어 글로벌 전략을 펼치고 있는데 예일대는 어떤 글로벌 전략을 펼치고 있나.

▶세계대학이 된다는 것은 여러 요소를 필요로 한다. 그 중 하나는 학생을 국제화하는 것이다. 세계 각국에서 학생들을 받아들여 대학 자체를 작은 세계(small world)로 만드는 것이다. 예일대에서 박사과정을 밟고 있는 학생 중 20%가 외국인이다. 일부 예

"교육개혁 부유층만 혜택보면 곤란"

능계통에서는 30%를 넘는다.

또 다른 요소는 교과과정이다. 현재 예일대는 국제적인 문제를 다루는 과목이 600여 개나 되며 모두 52개 언어를 가르치고 있다. 케임브리지 파리 모스크바 도쿄 푸둥 베를린자유대학 등 6개 대학과 대학원생 교류를 하고 있으며 베이징대와는 지놈프로젝트, 농업바이오기술 분야에서 공동 연구를 하고 있다. 옥스퍼드 프린스턴 스탠퍼드대 등과는 온라인 교육에 대해 협력하고 있다.

예일대는 이러한 세계화 전략을 효율적으로 추진하기 위해 8년 동안 국무부 부장관을 역임한 스트로브 탈보트 씨를 지난해 신설한 국제연구센터 소장으로 영입했다.

특히 예일대는 중국에 많은 공을 들이는 것으로 알고 있다. '예일-차이나' 라는 프로그램도 마련해 놓지 않았나.

▶중국은 세계 인구 중 20%를 차지하는 대국이다. 중국과 교류를 넓힌다는 것은 세계대학을 지향하는 예일대로서는 불가피한 선택이다. 사실 예일대와 중국 사이에는 오랜 역사가 있다. 1850년 예일대는 미국 대학 가운데 처음으로 융원이라는 중국 학생을 받아들였다. 그는 예일대에서 학사학위를 받고 귀국해 중국 근대화에 큰 공헌을 한 인물이다. 지금으로부터 100년 전 예일대 개교 200주년 되던 1901년 예일-차이나 프로그램을 마련했다. 예일대 학생 수십 명이 중국에 건너가 병원과 중학교를 세웠다.

현재 예일대에 다니는 외국인 학생 가운데 중국인이 가장 많다. 모두 312명이 학위과정에 등록해 있고

232명의 교환학생과 교수가 예일대에 있다.

예일대는 혹시 교육열이 높은 한국에 진출할 용의가 없는지.

▶한국도 우리에게는 소중한 곳이다. 일부 교수진이 한국과 긴밀한 유대관계를 맺고 있으며 한국에서 근무한 경제학자도 꽤 있다. 한국 경제에 대한 저서도 있다. 구체적이고 공식적인 협력관계는 아직 없다.

교육 일반에 대한 고견을 듣고 싶다. 교육의 중심축이 가르침(teaching)에서 학습(learning)으로 바뀌어야 한다는 주장이 대두되고 있다. 학생이 중심이 되고 교수는 보조적인 기능을 수행해야 한다는 것이다. 그러나 유교주의 성향이 강한 동양권에서는 입지약화를 염려한 교사나 교수들이 반대하는 경향이 강하다. 미국은 어떤가.

▶교육의 중심이 교수에서 학생으로 이동한다는 것은 미국 전통과는 부합하지 않는다. 물론 학생은 대학에서 중요한 기능을 한다. 특히 예일대처럼 대학 캠퍼스가 학생에게 거주지이기도 한 곳에서는 더더욱 학생 목소리를 무시할 수 없다. 학교가 각종 정책을 수행할 때 학생 의견을 존중한다.

그럼에도 불구하고 교수들이 교육과 관련된 틀을 주도한다고 말하는 것이 옳을 것이다. 새로운 교수진을 선출하고 교과과정을 재편하는 궁극적인 책임은 교수들에게 있다. 학생 의견을 반영하면서 교수가 주도하는 교육 정도로 표현하면 될 것 같다.

한국에서는 지금 교원정년 연장문제로 논란을 빚고 있다. 대부분 동양과 유럽 국가들이 보장하고 있는 교원정년에 대해 어떻게 생각하는지.

▶초등학교나 중·고등학교 교원 정년에 대해서는

"미경제 유동성 함정 걱정된다"

언급하지 않겠다. 대학만 두고 말하자. 미국은 대학 교수가 일정 연령이 되면 의무적으로 은퇴하는 규정을 없앴다. 정년 개념이 없어진 셈이다. 그러나 이는 미국 대학으로서는 불행이다. 대학은 젊음이 생명이다. 끊임없이 새로운 피가 공급돼야 하는 곳이다. 젊은 세대가 가진 신선한 아이디어가 대학 경쟁력이다. 나이 든 교수가 물러나고 젊은 교수가 새로 영입되는 것은 자연스러운 순환이다. 정년을 없앰으로써 이런 선순환 고리가 단절됐다.

한국은 자율과 선택을 강화하기 위해 미국 차터스쿨과 유사한 자립형 사립고교 제도를 도입하는 방안을 검토하고 있다. 하지만 교사들과 일부 국민은 빈부격차를 심화시킨다며 반대하고 있다. 교사들은 오히려 공립학교를 살리는 교육정책을 펴야 한다고 주장한다. 여기에 대해 어떻게 생각하는지.

▶구체적인 교육정책에 대해서는 말하지 않는 편이 낫겠다.

그렇다면 좀 일반적인 질문을 하겠다. 한국에서는 교육계에 시장원리를 도입해 경쟁력을 제고하려는 정책에 대해 미국 방식 신자유주의 논리라며 반발하는 분위기가 있다. 이에 대한 견해는.

▶미국에도 한국과 마찬가지 갈등이 있다. 미국에는 한편으로 주정부가 재정을 지원하는 공교육 제도가 있으며 다른 한편으로는 경쟁적인 요소를 첨가해 교육 질을 높이고자 하는 요구가 있다. 교육의 질적 수준을 높이는 장점은 있으나 부유층 학생에게만 문호가 개방되는 부작용이 있다. 최근에는 공립학교들도 일부 사립학교와 같은 혁신적인 방법을 동원해 경쟁력을 높이려고 노력하고 있다. 그것은 분명히 고지식

한 교육관료들에게 신선한 자극이 되기도 한다. 문제는 그런 경쟁의 이점을 일부가 아닌 전체 학교로 확산시킬 수 있느냐에 있다. 그것이 논쟁의 핵심이다. 일부만 특혜를 본다면 그것은 바람직한 일은 아닐 것이다.

총장은 경제학자로서도 명성을 인정받고 있는 것으로 안다. 9·11 테러 영향을 어떻게 관측하는지.

▶대학총장 관점에서 본다면 졸업생 진로에 엄청난 변화를 몰고 올 것이라는 점이다. 현재 대학생들은 번영과 평화의 시기를 산 세대다. 이라크 전쟁이 있었지만 대부분 학생은 텔레비전으로 전쟁 상황을 지켜봤을 뿐이다. 그들 삶에는 전혀 영향을 주지 못한 사건이다.

경제적인 성공에 대한 장밋빛 청사진을 지닌 대학생 세대가 그러나 이제는 미국과 다른 선진국 안전에 관심을 기울이고 있다. 지난 몇 달 동안 예일대 학생들은 그들 진로를 다시 생각해보는 시간을 가졌고 공직과 사회봉사에 보다 큰 가치와 비중을 두는 쪽으로 가닥을 잡고 있다.

경제적인 영향은 어느 정도나 될지.

▶개인적인 견해임을 전제로 미국은 이미 테러 전부터 침체 국면에 진입했다고 볼 수 있다. 테러가 침체를 가속시키고 있다. 여행이나 항공 분야는 그 정도가 심하다. 나는 금리 인하만으로는 충분하지 않았다고 본다. 고전적인 케인스학파가 말하는 유동성 함정에 빠지는 상황이 아닌가 염려된다. 결국 회복은 되겠지만 시간이 어느 정도 걸릴지는 장담하기 어렵다.

"대학연구 실용화 30년서 수년으로 단축"

경기부양 조치가 얼마나 효과를 낼지에 달려 있다고 할 수 있다. 감세나 재정지출 등을 효과적으로 시행한다면 1년 안에 반등 기회를 잡을 것으로 본다.

총장 전공은 기술경제학이다. 대학 총장으로서 산학협력을 어떻게 추진하고 있는지.

▶8년 동안 총장직을 지내면서 산학협력에 대한 중요성을 강조했다. 상업화할 가능성이 있는 아이디어를 보유하고 있는 교수들에게는 직접 창업을 하거나 예일대가 있는 뉴헤이븐 지역 기업들과 연계를 맺을 것을 권유했다. 그것은 보스턴이나 실리콘밸리가 해 왔던 것들이다. 예일대도 예외일 수는 없다.

성공사례가 있나.

▶예일대에서 나온 아이디어와 기술로 뉴헤이븐 지역에서 성공한 기업이 많다. 커리전이라는 기업이 대표적이다. 지놈 프로젝트로 유명한 기업이다. 최근 바이엘과 기술제휴를 했다.

대학이 직접 돈을 투자하기도 하나.

▶그런 사례는 드물다. 대부분은 기술과 아이디어를 제공한 대가로 주식을 받는다. 간혹 로열티를 받기도 한다.

통상 대학에서 나온 아이디어가 기업에서 열매를 맺기까지 어느 정도 시간이 걸리나.

▶그 동안에는 대학에서 나온 아이디어가 실용화되는 데는 약 20~30년 걸렸다. DNA 유전구조를 파헤치는 것도 대학에서 시작한 것인데 결국 25년이나 지나서야 실용적인 결과를 얻어냈다. 그러나 지금은 시차가 급격히 줄어들고 있다. 불과 몇 년밖에 걸리

지 않는다. 산학연계가 본 궤도에 올랐기 때문이다.

대학 규모가 커지고 경쟁이 심화되면서 총장은 기업처럼 최고경영자(CEO)가 돼야 한다는 목소리가 높다. 총장 소임을 어떻게 규정하는지.

▶총장은 매우 복잡하고 다차원적인 일을 수행하는 직업이다. 여러 측면에서 리더십이 필요하다. 가장 중요한 것은 교육사업 방향과 수위를 결정하는 것이다. 어떤 목표 아래에서 학생들을 가르칠 것이냐야말로 총장이 해야 할 최우선 과제다. 예일대가 '세계대학'을 선언한 것은 이런 맥락으로 이해하면 될 것이다. 그리고 자금을 모으고 투자를 하는 일이다. 어느 총장이나 가장 하기 싫어 하는 일이지만 이 일을 하지 않으면 대학은 경쟁력을 지닐 수 없다. 돈이 없으면 아무리 아이디어가 많아도 소용이 없다. 한 가지 더 지적한다면 훌륭한 인재를 뽑는 일이다. 나는 12개 단과대학 학장과 관리자 6명을 채용할 권한이 있다. 아마 가장 시간을 들이고 신경을 쓰는 일일 것이다. 대학 운명이 이들 손에 달려 있기 때문이다.

레빈 총장은 누구

리처드 레빈 총장은 93년 미국에서 둘째로 역사가 오래된 예일대 22대 총장으로 취임했다. 스탠퍼드대에서 역사학을 전공했으며 미국 대학 졸업생들에게 가장 큰 영예로 여겨지는 로즈장학생(Rhodes Scholar)으로 선발돼 옥스퍼드대에서 2년 동안 철학과 정치학을 공부했다. 그 후 예일대에서 경제학 박사학위를 취득하고 경제학과에서 교수생활을 시작했으며 기술경제학 분야에 남긴 업적을 인정받아 석좌교수가 됐다. 현재 미국 국립과학예술원 정회원이며 98년에는 옥스퍼드대에서 명예 법학박사 학위를 받았다.

A국가 공통점

국가신용등급은 한 나라에 대한 시장의 객관적인 평가를 바탕으로 한다. 선진국으로 분류되는 대부분 국가는 A부터 최상위 등급(AAA)을 받고 후진국일수록 낮은 등급이 매겨진다.

S&P 기준으로 현재 IMF가 선진국으로 분류하고 있는 29개국 중 13개 국가가 최고 등급인 AAA를 유지하고 있다. 미국을 비롯해 영국, 독일, 프랑스가 여기에 속한다.

다른 선진국들은 대부분 AA등급이고 몇몇 국가는 A등급이다. 일본은 2001년 초 AAA등급에서 AA+등급으로 하락한 데 이어 11월에는 또 다시 AA로 하향 조정되는 수모를 겪었다. 경기부양을 위한 재정지출을 확대한 결과 91년 60% 수준이던 국내총생산(GDP) 대비 정부부채가 최근 120%를 넘었으며 기업과 금융부실이 확산되고 있는 것이 일본 국가신용등급이 추락한 배경이다.

선진국 신용등급이 높은 것은 경제적 성과는 물론 정치적 안정, 투명한 사회시스템, 대외개방도 등 계량화하기 어려운 지표에서도 개도국에 비해 높은 점수를 받기 때문이다. 개발도상국 중 AA등급 이상인 나라는 한 곳도 없으며 몇몇 국가만이 A등급권에 속한다. 바베이도스(A-), 버뮤다(AA)는 조세회피 지역이며 중동 산유국 중에는 유일하게 쿠웨이트가 A등급이다.

아프리카에서는 말타와 보츠와나가 A등급을 유지하고 있고 남미국가 중에서는 유일하게 칠레가 A-등

A등급국가 걸림돌

급이다. 체코를 비롯해 헝가리, 슬로베니아 등 동유럽 3개국 역시 A-등급인 것도 이채롭다. 이들 국가는 모두 체제 변화를 겪었지만 비교적 정치적 불안기를 거치지 않았고 성공적으로 구조개혁을 이뤘다는 공통점이 있다.

아시아에서는 싱가포르가 유일하게 AAA등급을 유지하고 있으며 대만과 일본은 동일한 AA등급이고 홍콩은 A+등급이다. 중국은 3대 신용평가회사마다 평가가 다르다. 피치는 A-, 무디스는 Baa1 , S&P는 BBB를 부여하고 있는 만큼 신용평가회사간에 중국 경제에 대한 시각차가 존재한다. 외환위기를 겪은 아시아 국가 중 말레이시아는 BBB, 태국이 BBB-로 투자 적격등급을 유지하고 있으나 필리핀은 BB+, 인도네시아는 CCC로 투자부적격 등급에 머물러 있다.

A등급 되면 이런 혜택 –
A국가 직접효과만 1조1840억원

우리나라 국가신용등급이 A등급으로 올라가면 외채이자와 신규 차입비용이 줄어들고 외환보유액 축소가 가능해져 연간 1조1840억원에 이르는 직접적인 혜택을 얻을 것으로 추정된다.

우선 기업이나 금융기관의 외자 차입금리가 낮아져 연간 6276억원을 절감할 수 있다. 이는 우리나라가 외국에서 빌린 1207억달러(2001년 10월 기준=민간기업 545억달러, 금융기관 452억달러, 정부부문 210억달러)에 대한 가산금리가 낮아져 새로 자금을 조달해 기존 차입금을 대체하면 된다.

지금 우리 국가신용등급(BBB+)으로는 외국에서 자금을 조달할 때 1.27%포인트의 가산금리를 물어야 하지만 신용등급이 홍콩(A+등급, 가산금리 0.87%포인트) 수준으로 상향조정되면 가산금리가 0.4%포인트 낮아지기 때문이다.

A등급 혜택은 여기에 그치지 않는다. 우리 기업과 금융기관들은 보다 낮은 이자를 내고 외국에서 새로 자금을 조달할 수 있게 된다. 민간기업과 금융기관은 2001년과 2000년에 각각 72억달러와 63억달러를 외국에서 조달했다. 만일 A등급으로 상승하고 2002년 70억달러를 새로 차입한다고 가정하면 차입금리가 종전보다 0.4%포인트 줄어들어 연간 364억원을 아낄 수 있게 된다.

이와 함께 정부는 과다한 외환보유액 중 일부를 기존 외채를 갚는 데 사용할 수 있게 돼 국가 전체적으로 5200억원을 절약할 수 있을 것으로 보인다. 우리 외환보유액은 88억7000만달러(1997년 말)에서 1028억달러(2001년 말)로 10배 가량 급증했다. 이러한 외환보유액 증가는 외국인 투자자들의 투자심리를 안정시키고 대외부문 충격을 흡수할 수 있는 안전판 기능을 수행해왔다.

그러나 IMF는 자본도피 가능성, 환율제도 등을 고려할 때 우리나라는

외환을 562억달러만 보유하면 충분하
다고 추산한다. 현재 우리는 적정 외
환보유액보다 무려 466억달러를 더
갖고 있다는 설명이다.

　외국환평형기금채권(2008년 만기)
가산금리는 0.8%포인트(2001년 12
월) 수준이고 신용등급 상승으로 IMF
가 추산한 적정 외환보유액을 초과하
는 466억달러를 줄일 수 있다면 약 4
억달러(5200억원)의 이익 발생이 기
대된다. 낮은 금리로 운영하고 있는
외환보유액을 축소하고 그 대신 높은

양만금 mkyang@mk.co.kr

금리의 외채를 갚는다면 우리나라는 최소한 4억달러
의 기회비용을 줄일 수 있게 된다는 설명이다. 이 같
은 직접적인 비용절감 효과 외에 우리나라가 입게 되
는 간접적이고 장기적인 혜택도 많다. 안정적인 외자
조달 여건이 마련되면 국내 기업들이 외국에 진출하
거나 국외투자를 하는 등 기업전략을 원활하게 수행
할 수 있는 부수적인 효과를 거둘 수 있게 된다. 신용
등급 상승은 곧 한국에 대한 투자위험도 감소를 의미
하는 것으로 외국인 투자심리가 호전돼 외국인 투자
자금이 추가로 유입될 것으로 예상된다.

　과거 국가신용등급 상승을 전후로 한 기간에 외국
인 주식 매수강도는 상당히 강했던 것으로 나타난다.
S&P 국가신용등급이 투자부적격(BB+)에서 투자적
격(BBB-)으로 상승한 99년 1월을 전후로 한 2개월

동안 외국인 순매수금액이 1조3000억원이나 돼 99
년 한 해 동안 외국인이 순매수한 1조4000억원 가운
데 90%를 차지했다.

　2001년 11월에 S&P가 국가신용등급을 BBB에서
BBB+로 상향 조정한 2개월 동안 외국인 순매수금액
은 2조7000억원으로 2001년 한 해 동안 외국인이
순매수한 7조3000억원 중 37%나 됐다.

　국가신용등급 상승은 한국 주가가 다른 나라 주가
보다 저평가되어 있는 코리아 디스카운트 현상을 해
소하는 데도 도움이 될 것으로 보인다. 장기적으로는
우리나라와 우리 제품에 대한 전세계 소비자 인식이
개선돼 우리 상품 수출이 늘어날 전망이다.

무선 주문형 서비스가 기회 창출

미국 정보기술(IT) 산업의 산실인 실리콘밸리에서 가장 영향력 있는 인물 가운데 한 사람으로 꼽히는 스콧 맥닐리 회장은 마이크로소프트(MS) 빌 게이츠 회장의 저격수로 유명하다.

80년대부터 네트워크의 개방성을 주창해 온 그의 눈에 MS는 독점의 화신처럼 보이는 듯하다.

미국 상원 법사위원회에 출석해 MS의 반독점법 위반에 대해 증언할 정도였으니 그 정도를 미뤄 짐작할 만하다.

맥닐리 회장은 "내 아이들이 MS의 독점이 혁신을 방해하지 않는 세상에서 자랄 수 있다는 것을 알게 될 때 은퇴하겠다"며 "시장은 미국 법무부가 제안한 조정안보다 더 효과적인 해결책을 필요로 하고 있다"고 특유의 독설을 쏟아냈다.

선은 최근 MS의 닷넷(.net) 전략에 맞서 선 원(Sun One) 전략을 의욕적으로 추진하고 있다.

선 원은 닷넷과 마찬가지로 장소, 시간, 정보기기에 관계없이 웹서비스를 마음대로 활용할 수 있는 시대를 열겠다는 의지를 보여주는 프로젝트다.

자유를 뜻하는 프로젝트명 '리버티'가 선이 추구하는 바를 단적으로 보여준다.

맥닐리 회장은 "선의 차별성은 (MS와 달리)완전히 개방적이라는 점"이라며 "진정으로 개방적인 플랫폼을 원한다면 선 원을 선택하라"고 강조했다.

IT산업이 지속 가능한 성장을 보장할 것으로 믿는가.

▶2001년 세계 경제가 이자율과 유가상승 등의 영향으로 시련을 겪은 것은 사실이다. 하지만 기업이 테크놀로지에 투자해야 하는 이유는 분명하다. 우리는 넷 기반의 솔루션이 원가를 크게 줄이고 생산성을 높인다는 사실을 직접 체험했다. 어려운 작업이 병행돼야 하지만 제대로 된 프로세스와 기술이 갖춰진다면 놀랄 만한 이득을 얻게 될 것이다.

IT산업을 이끌어가는 모든 회사가 무선 웹서비스라는 목표를 향해 뛰고 있다. 선의 전략은.

▶웹 서비스를 구축하는 데 선택할 수 있는 플랫폼은 MS의 닷넷과 우리 선 원뿐이다. 다른 플랫폼은 수백만 명의 소프트웨어 개발자 기반을 갖추지 못하고 있다. 다른 기업이 개방을 얘기하지만 우리만큼 경험을 갖추지 못했다.

선 원의 진행상황은 어떤가. 닷넷과의 차별성은 무엇인가.

▶현재 기업의 IT인프라스트럭처에 기반을 두고 통합하고 새로운 것을 적용하는 데 필수적인 기술과 제품을 제공하고 있다. 닷넷과는 달리 완전히 개방적이다. 만일 다른 기업의 제품을 선호한다면 우리 제품에서 코드를 뽑아 그 제품과 연결해 보면 (얼마나 개방적인지)바로 알 것이다.

앞으로 10년 동안 디지털시대가 활짝 열릴 전망이다. 앞으로 IT산업을 이끌 기술은 무엇인가.

▶무선(Wireless)이 그 가운데 하나일 것이다. 지구

스콧 맥닐리 (Scott G. McNealy) 선마이크로시스템스 회장

상의 남녀노소는 물론 디지털이나 전기적인 박동을 가진 모든 게 통신망에 연결된다. 이 같은 연결을 기반으로 우리의 비전인 주문형 서비스(Service on Demand)가 본격적으로 추진될 것이다. 이는 원할 때 바로 가져다 주는 서비스를 의미한다.

휴렛패커드(HP)와 컴팩의 합병이 어떤 영향을 미칠 것으로 보는가.

▶나는 그 충돌(Collision)이 (합병을 의미) 이뤄지길 바란다. 만일 HP와 컴팩이 테크놀로지 비즈니스에서 벗어나 윈텔(MS와 인텔 진영을 가리킴) 제품의 잡화점이 된다고 해도 우리는 괜찮다.

2001년 경기침체의 타격을 가장 크게 입은 업체가 선이라는 의견이 많다.

▶올해 우리 비즈니스가 큰 타격을 받았다는 데는 의문의 여지가 없다. 선만 그런 게 아니다. 하지만 선은 빠르게 대응했다. 우리는 새로운 제품을 시장에 내놓으면서 공격적으로 가격을 낮췄다. 주주에게 장기적인 이익을 주는 게 사명이다. 감원을 피할 수 없었지만 9% 감원은 경쟁사에 비해 상당히 적은 수치다.

2002년을 비롯한 장기적인 경영전략은.

▶우리는 네트워크 컴퓨팅이 여전히 지구상에서 가장 큰 가치창조자라는 것을 믿는다. 신뢰성 확장성 호환성 등 전통적인 강점에 지속적으로 초점을 맞출 것이다. 주문형 서비스(Service on Demand)에 대한 비전은 향후 전략에 큰 부분을 차지할 것이다. 하지만 이 역시 네트워크 컴퓨팅의 연장선일 뿐이다.

자바(JAVA) 기술 활성화를 위한 방안은. 자바 시대는 끝났다는 혹평이 나오기도 하는데.

▶자바 기술은 수백만 대의 전화기, 스마트카드 등에 사용되고 있다. 세계에서 가장 인기있는 프로그래밍 언어다. 앞으로도 그럴 것이다.

스콧 맥닐리는 누구

- 54년 미국 인디애나주 출생
- 76년 하버드대 경제학과 졸업
- 80년 스탠퍼드대 경영학 석사(MBA)
- 82년 선마이크로시스템스 생산담당 부사장
- 84년 사장
- 85년 회장 겸 최고경영자(CEO)

맥닐리 회장은 "가장 관심있는 분야에서 일해야 하고, 성공하기 위해서는 당신이 하고 있는 일을 사랑해야 한다"고 말했다. 이 같은 열정이 실적에 따라 파리목숨(?)에 불과한 IT 분야에서 무려 16년 넘게 최고경영자(CEO) 자리를 유지하고 있는 비결일지 모른다.

맥닐리 회장은 "원격진료, 원격교육, 향상된 커뮤니케이션 등에서 보듯이 선의 모든 것인 네트워크 컴퓨팅은 삶의 가치를 높여준다"며 "그 모든 것에 내가 공헌하고 있다는 사실은 영예로운 일"이라고 말했다.

맥닐리 회장이 밝힌 리더십의 핵심은 '속도'(Speed). 그는 "IT비즈니스에서 속도는 핵심"이라며 "의사결정 과정에서 많은 조언을 구하지만 만장일치를 찾지는 않는다"고 말했다.

국가신용등급 핵심은 뭘까

국가신용등급 결정요인

- 정치 · 사회적 위험
- 구조조정 · 개혁 의지
- 소득 · 경제구조 (1인당 GDP)
- 경제성장 전망 (경제성장률)
- 물가안정 (물가 상승률)
- 재정 유연성 (재정수지)
- 공공부채 부담 (정부부채)
- 국제수지 유연성 (경상수지)
- 외채 및 유동성 (수출액 대비 총외채)

신용평가회사들이 국가신용등급을 어떻게 매기는지는 비밀이다. 이들은 국가신용등급을 발표할 때 간단한 이유만 대지 구체적인 계산방법을 제시하지는 않는다. 평가 방법 등이 알려지면 그에 따른 의도적이고 자의적인 통계수치 조정이 있을 수 있기 때문이다. 물론 통계만 놓고 신용을 매기지는 않는다. 실제 국가경제가 돌아가는 데 대한 전문가들의 감(感)도 작용한다.

국가신용등급 조정에는 경제성장률 · 물가 · 외채 등 경제지표와 함께 정치 · 사회적 위험도, 구조조정 · 개혁 의지 등이 골고루 영향을 미친다. 주요 경제지표들은 경제성장률, 1인당 국민소득, 물가상승률, 재정수지, 정부부채, 경상수지, 총외채, 외환보유액 등이다.

특히 이 과정에서 관계자들에 대한 면담이 중요한 몫을 차지한다. 신용평가는 미래 채무상환 능력에 대해 판단하는 것이기 때문에 주관적인 판단이 많이 개입될 수밖에 없다. 신용평가 담당자들과 면담할 때 장래 전망에 대해 논리적으로 설명하는지가 중요하다.

과거 경제지표 등 이미 결정되고 공개된 자료를 뒤바꿀 수는 없지만 동일한 데이터라도 미래에 어떤 경제적 영향을 미칠지에 대해 해석을 달리할 수 있기 때문이다. 예를 들어 재정적자가 크게 늘어났다 하더라도 경제성장 잠재력을 키우고 세수증대를 가져올 수 있다고 한다면 반드시 부정적인 요인으로 작용하는 것만은 아니다.

최근 IMF는 92년부터 99년까지 위기국가 경험을 토대로 신용등급이 어떤 조건에서 변하는지를 계량분석한 보고서를 발표했다. 보고서는 크게 평상시와 신용상황이 급격히 악화되는 위기 국면에 따라 등급을 좌우하는 요인이 다름을 밝혀냈다.

우선 평상시에 국가신용등급을 결정하는 가장 중요한 변수는 일반적으로 알려진 물가상승률이나 성장률 같은 총량 변수가 아니라 GDP에 대한 투자비율인 것으로 분석됐다. 요컨대 기업 투자심리가 급격히 악화돼 통계에 반영되면 신용등급이 하락할 가능성이 높다는 얘기다.

그러나 위기시에는 보다 확실한 변수가 있다. 그것은 외환보유액에 대한 단기부채 비중이다. 97년 한국이 외환위기를 맞을 당시 신용평가기관이 무자비하게 국가신용등급을 깎아 내린 것은 거시지표는 큰 움직임이 없었지만 외환보유액이 줄고 단기부채가 늘어나는 현상에 기인했다.

현재 한국은 외환보유액이 1000억달러를 웃돌고 단기부채 비율도 크게 높지는 않은 상황이다. 따라서 위기가 닥치더라도 국가신용등급이 97년처럼 수직 하강할 것으로는 보이지 않는다.

현재 중요한 것은 기업 투자다. 민간부문 경제활동이 위축되지 않도록 기업친화적 환경을 유지하는 것이 정부가 해야 할 가장 큰 일이다.

국가신용등급 평가도 기업·금융회사에 대한 신용평가와 비슷한 절차를 거친다. 민간기업은 채권발행을 추진하면서 신용평가회사에 평가를 의뢰해 실시된다. 신용평가회사는 전문팀을 구성하고 수집된 계량적 자료를 이용해 예비분석을 거친 후 발행자와 협의에 나선다. 이후 신용평가회사 내 평가위원회에서 등급을 결정하고 등급 공표 전 발행자에게 통고하는 절차를 거친다.

국가신용등급은 채권발행 주체가 한정되어 있기 때문에 매번 새로 국가등급을 부여하기보다는 대부분 기존에 부여된 등급을 재조정한다.

신용평가회사들은 연례적으로 등급재조정을 위한 자료수집과 해당국에 대한 현장실사를 하고 있다. 그러나 실제 국가신용등급 조정은 해당국 경제상황에 변화가 생겼을 때 방문절차 등을 거치지 않고도 수시로 하는 때도 많다.

국가도 IR시대 협상력 키워라

2001년 11월 28일 새벽 무디스는 관례에 따라 발표 하루 전인 29일 신용등급 전망에 대한 드래프트(Draft)를 한국 정부에 전달했다. 공식보고서를 발표하기에 앞서 각종 근거자료에 대한 정확성을 최종 확인하기 위해서였다. 그러나 드래프트 내용을 전달받은 재경부에서는 한바탕 '소동'이 일어났다. 상향조정은커녕 하향이 불가피해 보였기 때문이다.

한 달 전 S&P의 국가신용등급 상향조정에 크게 고무됐던 재경부로서는 '청천벽력'이 아닐 수 없었다. 김용덕 재경부 대외차관보 지휘 아래 곧장 상황파악에 들어갔고 퇴근했던 각 부처 직원들도 극도의 보안 속에 사무실로 모여들었다. 드래프트를 정밀 분석한 재경부는 이메일, 팩스, 국제통화 등을 이용한 전방위적인 설명과 설득작업에 들어갔다.

무디스가 제기한 문제점들을 조목조목 반박하는 한편 이를 입증할 만한 영문자료를 무디스 본사에 쏟아넣었다. 무디스의 드래프트에 터무니없는 수치가 인용된 점도 한국 정부측에는 유리하게 작용했다. 작업은 이튿날 새벽까지 계속됐다.

재경부 관계자들은 '할 수 있는 것은 모두 시도했다'는 판단이 들자 상황을 마무리했다. 보안을 유지하기 위해서도 더 이상 설득작업은 무의미했다. 새벽녘에 '기도하는 심정'으로 집으로 향했던 관계자들은 대략 6시간 후 합당한 보상을 받았다. 이날 무디스는 한국에 대한 국가신용등급 전망을 '안정적'에서 '긍정적'으로 조정한다고 발표했다.

대폭 수정돼 발표된 보고서에는 한국 정부가 설득했던 내용이 상당 부분 포함돼 있었다. 하룻밤 동안 피말리는 노력이 엄청난 성과를 낸 순간이었다. 좋은 신용등급을 받기 위해서는 '포장'도 중요하다. 이는 국제금융가의 '상식'이다.

주관적인 요인이 최대 변수로 작용하는 국가신용평가 특성상 '포장술'은 반드시 필요하다고 전문가들은 지적한다. 신용평가회사와 교섭하는 과정에서 가장 중요한 원칙은 '정직'이다. 민감한 사안에 대해서는 답변을 회피할 망정 현실을 부풀리거나 근거없는 낙관론을 펼치는 것은 절대 금물이다. 그러나 논리가 부실하면 우리에게 유리한 사실마저 비관적으로 비쳐지기 일쑤다.

97년 외환위기를 전후해 불과 2개월여 만에 국가신용등급이 6~12 단계나 떨어지는 과정에서 한국 정부는 무분별한 정직 또는 빈약한 논리 때문에 상당한 '대가'를 치러야 했다. 신용평가회사의 부정적 시각이 합리적인 노력에 의해 교정된 사례는 많다.

2001년 10월 S&P가 한국 국가신용등급을 한 단계 올렸을 때도 그랬다. 두 달 전인 8월 하순 한국을 방문한 S&P 실사팀은 기업구조조정촉진법에 대해 매우 부정적인 인상을 갖고 있었다. '관치금융' 연장선상에서 개별 금융기관의 자율성을 침해하고 부실기업 퇴출을 지연시키고 있다는 시각이었다.

기업구조조정촉진법은 공식 협의과정에서도 주요 화제로 거론될 수밖에 없었다. 재경부는 이 같은

S&P의 시각을 바꾸기 위해 때늦은 수선을 떨어야 했다. 외환위기 후 기업구조조정 과정에서 야기된 문제점을 제시함으로써 법 제정이 불가피했음을 밝히고 외국 사례를 통해 기업구조조정촉진법이 자율성을 보장하는 측면을 집중적으로 부각시켰다.

실사가 끝날 무렵에는 담당국장인 변양호 금융정책국장이 실사팀과 조찬을 함께하며 기업구조조정촉진법의 필요성과 시장친화적인 특성을 논리적으로 이해시켜갔다. 결국 S&P 실사팀은 기업구조조정촉진법과 관련해 기존 시각에서 180도 달라진 보고서를 냈다. 기업구조조정촉진법을 한국 정부가 추구하는 상시구조조정 체제를 제도화한 구조조정 촉진장치로 인정한 것이다.

"상식적이고 일반적인 사항이 왜곡됐을 때는 수정할 수 있는 여지도 큽니다. 그러나 실사팀이 선입견을 갖고 협의에 나설 때는 설득하기가 매우 어렵습니다. 이런 때는 한국적 특수성을 부각시키기보다는 그들(국제신용평가회사) 처지에 서서 그들 논리로 설득해야 합니다." (재경부 국제금융국 관계자)

국제금융시장에서 3대 축은 투자은행(IB: Investment Bank), 펀드매니저, 신용평가회사다. 이들은 서로 '악어와 악어새'와 같은 관계를 형성하고 있다. 투자은행, 펀드매니저가 움직이면 국제신용평가회사도 같은 방향으로 움직일 수밖에 없다.

전문가들은 "신용평가회사가 직접적인 영향력을 행사하긴 어렵지만 투자은행과 펀드매니저들은 사정이 다르다"며 "국가등급을 제대로 관리하기 위해 투자은행과 펀드매니저를 공략하는 우회전략이 필요하다"고 지적한다.

투자은행 처지에서 한국 정부는 꽤 중요한 고객이다. 공기업이 해외채권을 발행하고 외환을 운용하는 과정에서 투자은행이 챙길 수 있는 '이권'이 상당하기 때문이다. 주요 투자기관의 펀드매니저도 마찬가지다. 1000억달러가 넘는 외환을 보유한 한국 실력은 국제금융가에서 '큰손' 수준이다. 문제는 체계적인 관리가 전혀 이뤄지지 않음으로써 국제적으로 공인된 당연한 권리도 못챙기고 있다는 점이다.

국제금융계에서 한국이 '푸대접'을 받는 이유로 한국 정부의 빈약한 국제감각을 꼽는 시각이 적지 않다.

지난 93년 10월 초 일이다. 당시 홍재형 재무부장관은 스페인에서 열린 IMF-IBRD(세계은행) 연차총회에 참석하기 위해 영국 런던에 머물고 있었다. 세계경제 주역들이 모인 자리인 만큼 한국 재무장관이 해야 할 일은 많았다. 한국 경제 현황에 대해 설명하고 투자를 유치하기 위한 면담일정도 빡빡하게 짜여 있었다. 국가이익을 위해 놓칠 수 없는 기회였던 것이다.

그러나 본국에서 '경제부총리에 내정됐으니 대기하라'는 연락을 받은 뒤 홍 장관 일행은 일정을 포기하고 급거 귀국해야 했다. 이 일화는 정부 내에 만연한 '국제금융 경시풍조'를 드러낸 사례로 국내는 물론 외국에서도 오랫동안 회자됐다. 지금은 사정이 많이 달라졌다고는 하지만 이런 분위기는 여전하다.

외환위기를 겪은 뒤에도 경제부처 장·차관의 국외 IR는 손에 꼽을 정도다. 한국에 투자한 외국 투자자에게 가장 큰 영향력을 가진 사람은 국내 경제부처 장·차관들이다. 그런데 이들이 입을 굳게 다물고 있는 것이다.

도덕적 해이 줄여야 A등급

한국 국가신용등급을 담당·결정하는 토머스 번 무디스 부사장은 "한국 신용등급에 대한 의견을 긍정적(positive)으로 올린 만큼 큰 변화가 없다면 수개월에서 1년 안에 적정한 등급을 부여할 수 있을 것"이라고 말했다.

무디스의 한국에 대한 국가신용등급은 S&P 등급보다 한 단계 아래다. 우리나라에 대해 더 보수적으로 보고 있다는 뜻인가.

▶그렇다. 한국은 외환위기 후 98~99년 개혁조치로 인해 투자나 경상수지 면에서 개선이 있었다. 그러나 그 뒤 개혁작업은 상당히 더뎌졌다. 이는 앞으로 몇 년 동안 정부 정책이나 경제성과에 대한 신뢰에 부정적인 영향을 미칠 수 있다는 것을 의미한다.

무디스는 2001년 11월 한국에 대한 의견을 안정적(stable)에서 긍정적으로 올렸다. 가까운 장래에 한국 국가신용등급이 상향 조정될 것으로 기대할 수 있나.

▶의견을 올린 것은 긍정적인 요소가 부정적인 요소보다 많다는 것을 뜻한다. 정확히 얘기하면 우리가 앞으로 수개월 또는 1년 안에 적정한 국가신용등급을 부여하기 위해 한 발짝 다가서서 보고 있음을 의미한다. 다만 우리는 긍정적 전망에 대해 무엇을 할 것인지를 결정할 등급위원회를 아직 열지 않았다. 등급위원회를 거쳐야 최종 결정된다.

많은 한국 사람은 한국 국가신용등급이 유럽, 특히 헝가리(A3), 체코(Baa1)와 같은 동구권에 비해 상대적으로 낮다고 생각한다.

▶헝가리나 체코 신용등급은 유럽연합(EU)에 대한 접근성이 뛰어나기 때문에 상승했다. 멕시코 등급은 북미자유무역기구(NAFTA)와 정치적인 합의를 이루었기 때문에 상승한 것이다.

만약 한국이 A등급을 받는다면 Baa1 등급을 받을 때와 비교해 어떤 이점이 있나.

▶역사적으로 Baa등급과 Ba등급(또는 그 이하)간 신용위험 차이는 매우 크다. 80년대 매겨진 등급을 추적해 볼 때 A등급이 하향 조정되거나 부도날 확률은 Baa등급에 비해 30%에 불과하다.

한국은 여러 문제들에도 불구하고 세계 13위 경제대국이며 장점들이 많다. 만일 우리가 정치·기업·금융·공공개혁을 이루고 금융시스템을 갖춰 갈 때 받는 등급은 어느 정도인가.

▶한국의 대외 지불여건이 지속적으로 향상되고 기업들이 과도한 부채를 축소하며 정부의 도덕적 해이가 줄어든다면 한국의 장기적 안전성과 신뢰는 상당히 향상될 것이다. 이는 앞으로 한국 등급이 올라갈 것이라는 의미다. 다만 구체적 등급은 말하기 어렵다.

김창록 국제금융센터 소장

해외채권 발행 막후 협상력 주요 변수

"국가신용등급을 올리는 데 정부·공기업이 해외채권을 발행하거나 외환을 운용하는 과정에서 협상력을 키우는 것도 중요한 포인트입니다."

김창록 국제금융센터 소장은 우리나라를 A등급 국가로 만들기 위해 "거시경제 지표 호전, 지속적인 구조조정 등 중장기적인 노력과 함께 기술적인 측면에서 협상력을 높이는 것도 필요하다"며 이같이 말했다.

싱가포르가 최근 마이너스 경제성장에도 불구하고 신용등급이 최상위(AAA) 등급을 유지하는 이유 중 하나는 싱가포르 투자개발청(GIC)이 1000억달러 규모의 공공펀드를 운용하면서 국제금융시장에서 막강한 영향력을 행사하고 있기 때문이라고 그는 설명한다.

김 소장은 "국제금융시장에서 3대 주체는 투자은행(IB), 펀드매니저, 신용평가회사로 이들은 서로 긴밀한 관계를 유지하고 있다"며 "우리도 이제 외환을 1000억달러 이상 보유하고 있으므로 투자은행과 펀드매니저를 활용하는 전략을 고려해야 한다"고 지적했다. 중국이 국가신인도 향상을 위해 국영기업이 해외채권을 발행할 때 정부 인사를 선정위원회에 참여시키는 것도 참고할 만한 것으로 제시했다.

김 소장은 구조조정 현안 중 외국 신용평가회사가 주목하는 현안으로 은행 민영화, 하이닉스반도체 처리, 현투증권 협상 등을 꼽았다.

특히 은행 민영화와 관련해 2001년 주가가 낮을 때도 정부 보유 은행 주식 등을 기초로 오페라본드를 발행했으므로 주가가 오른 2002년에는 보다 과감한 은행 민영화 작업이 진행돼야 한다고 밝혔다.

국내 기업의 과다한 부채비율 개선, 경제 전반의 투명성, 기업 지배구조·회계 관행 개선 등도 보다 많은 노력이 필요한 부문으로 지적됐다.

그는 "외환위기 후 회계제도와 기업 지배구조 등을 국제기준에 맞게 고쳤지만 여전히 실행에 옮겨지지는 않고 있다"며 "제도도입이나 구호에 그쳤던 것을 이제 실천하는 게 국가신인도 회복을 위한 가장 중요한 요소"라고 설명했다.

> *"제도 도입이나 구호에 그쳤던 것을 이제 실천하는 게 국가신인도 회복을 위한 가장 중요한 요소"*

부채비율 낮춰야

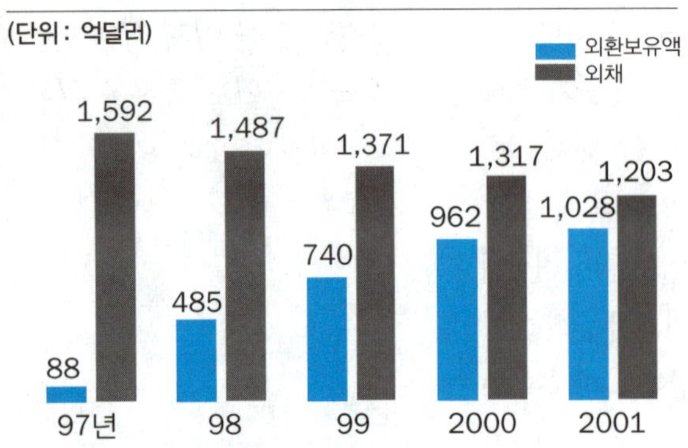

* 외채 = 정부 + 민간기업 + 금융회사. 2001년 외채는 11월 말 기준

전 미국 국방장관인 윌리엄 코언 코언그룹 회장은 2001년 12월 초 뉴욕에서 열린 코리아 소사이어티 주최 콘퍼런스에서 "엔론이 도산한 것은 부실회계가 빚은 대표적 사례로 한국 기업들에 교훈이 될 것"이라고 지적한 바 있다.

그는 "한국은 외환위기 후 빠른 속도로 회복하기는 했지만 아직도 구조조정을 비롯해 투명성을 제고하고 기업 지배구조를 개선할 필요성이 있다"고 설명한다. 한국측은 아니라고 부인하고 싶지만 외국인들이 보는 시각은 아직도 이 수준을 벗어나지 못했다는 것이다.

월가 전문가들이 많은 문제점을 거론하고 있지만 실제 문제는 상황을 정확히 인식할 만한 전문가가 턱없이 부족하다는 데서 출발한다. 그 중에서도 신용과 밀접한 관계가 있는 재무 전문가 부족문제는 심각한 수준이다. 월가의 한국 전문가들은 금융기관이나 정부는 물론이고 기업에조차 재무를 제대로 아는 사람이 너무 부족하다고 지적하고 있다.

정부는 외환위기 후 부채비율 200% 목표를 제시한 바 있지만 재계의 반발이 심하다며 슬그머니 기준을 없애 버렸다. 비키 틸만 S&P 수석 부사장은 "한국 경제에서 3분의 2를 차지하는 30대 재벌의 부채가 아직도 지나치게 많다"며 "부채비율을 200%로 맞추더라도 과다한 수준인데 이것조차 제대로 달성하지 못했다"고 지적했다.

한국의 수출 역량이나 질 높은 노동력, 민주화 정도, 외환보유액 등은 높게 평가하지만 추가 등급 상향조정은 물론이고 확고한 경제발전을 보장하기 위해서라도 추가 구조조정이 필요하다는 것이 그의 평가다. 아울러 정부의 지나친 미세조정도 이제는 포기할 때가 됐다고 그는 지적했다.

적정 부채 수준에 대한 인식의 필요성은 대우차나 하이닉스반도체 사례에서 명확히 드러난다. 부채과다로 무너진 두 기업에 정부나 금융기관 역시 매각 때까지 회사를 돌아가게 한다며 마지못해 몇 푼씩 쥐어주곤 했다. 그러다 보니 영업으로 금융비용을 충당하지 못하는 상태가 지속됐다. 매수자 처지에선 놔두면 망할 기업이니 제값을 줄 리 없고 추가 출자전환이나 부채탕감을 요구하고 있는 것이다.

정부의 재무관리 역시 오십보 백보다. 외환위기 후 3년이 지났지만 정확한 금액은 물론이고 어느 것을 포함하고 제외해야 할지 구분하지 못하고 있다는 것이 월가의 평가다.

낙후된 금융시스템도 신용등급을 끌어내리는 요인으로 지적되고 있다.

에어론 권 메릴린치 리스크 매니지먼트 담당 부사장은 "금융기관은 물론이고 감독기관에도 능력을 갖춘 금융전문가가 거의 없다"고 평가했다. 은행이나 감독기관에서 수십 년 일했다는 사람들도 조금만 전문적인 부분으로 들어가면 거의 노하우가 없다는 지적이다.

외국인들은 금융시스템이 시장이 아닌 정부 주도로 작동되면서 효율성이 떨어지는 것으로 보고 있다. 월가에선 기업구조조정을 시장이 알아서 순식간에 해치우는 반면에 한국은 부실 기업들이 정부에 기대 연명하는 사례가 너무 많이 목격되고 있다는 것이다.

로버트 호매츠 골드만삭스 부회장은 "정권교체와 무관하게 개혁을 지속할 수 있는 시스템을 갖춰야 할 필요가 있다"고 지적했다. 한국 경제성적은 경쟁국들에 비해 매우 우수하지만 추가 발전을 위해 지속적인 구조조정이 필요하다는 주장이다.

테오드로 루즈벨트 4세 리먼브러더스 상무는 "개혁 완수를 위한 정치적 의지가 다시 필요한 때"라며 "한국이 진실로 경쟁력을 갖기를 원한다면 이익을 내지 못하는 기업에 자금이 돌아가지 못하게 하고 시장을 개방해 대외 경쟁력을 높여야 한다"고 지적했다.

이와 관련해 뉴욕타임스는 최근 금융연구원 조사자료를 인용해 삼성 SK LG 현대 등 4대 그룹이 주력 업종에 집중하기로 약속했지만 여전히 그룹 내 핵심 기업에 대한 투자는 17.5%에 불과하다고 지적한 바 있다.

메릴린치는 세계 주요 투자대상 국가에 대한 항목별 평가에서 한국의 인적자원에는 매우 높은 등급을 부여했지만 금융시스템이나 정치, 관리들에 대해서는 매우 낮은 점수를 매겼다. 구조조정과 함께 금융시스템에 시장경제 원리를 도입하고 정치시스템을 개선해야 하며 정부부문에 대한 개혁이 필요함을 말해주고 있다.

데이비드 전 트라이스타 어드바이저스 사장은 "한국은 구조적 안정을 이루기 위해서라도 신흥시장 대열에서 하루속히 벗어나야 한다"고 강조했다. 신흥시장 범주에 있는 한 남미나 동남아 등 신흥시장 문제가 나올 때마다 한국 경제가 출렁이고 필요 없는 비용을 지불하게 된다는 것이다.

시티뱅크 관계자는 "지금은 한국이 일본이나 싱가포르 등을 앞설 수 있는 좋은 기회"라며 "일본이 따라올 수 없을 정도로 재빨리 금융시스템을 개혁하면 수준 높은 기술과 강한 수요기반을 바탕으로 한국은 상당 기간 아시아에서 강자로 군림할 수 있을 것"이라고 주장했다.

미국은 오만과 우월 의식 버려야

9·11 테러는 단순히 몇 천 명의 인명을 앗아가고 건물을 파괴시킨 것이 아니라 전쟁을 부르고 더 나아가 세계사를 바꾼 획기적인 사건이다. 먼저 테러가 발생한 근본 원인에 대한 성찰이 필요할 것 같다.

▶나는 매우 중요한 질문 두 가지를 미국인에게 던지고 싶다. 왜 오사마 빈 라덴과 탈레반 그리고 일부 아랍권 사람이 미국을 그토록 증오하고 있는가, 또 미국은 앞으로 무엇을 해야 하고 무엇을 하지 말아야 하는가라는 자문이다. 불행하게도 우리는 이에 대한 만족스러운 대답을 갖고 있지 못하다.

9·11 테러를 자행한 사람들은 이미 수년 전에 미국에 들어왔지만 미국인과 진정한 대화를 나누지 않았으며 미국 문화를 이해하려고 하지 않았다.

미국 역시 이들을 이해하려는 노력이 부족했다. 그들이 증오심을 갖게 된 근원을 찾으려 하지 않았으며 그들을 감싸고 함께 문제를 풀려는 시도를 애써 외면했다. 그래서 이런 참사가 터진 것이다.

테러분자들이 증오심을 갖게 된 원인에 대해서는 이해가 있는 것 아닌가.

▶문제는 서로 이해하지 못하는 데 있다. 서로 다른 문화와 인종, 종교와 철학을 이해하는 것은 쉬운 일이 아니다. 언어 장벽이 첫째 걸림돌이다. 영어를 못하는 다른 국가 사람들이 미국에 처음 왔을 때 느끼는 감정은 당혹감이다. 미국인들은 이런 데 둔감했다.

이제 미국은 세계 모든 국가와 민족들과 더불어 살아야 하는 법을 배워야 한다. 이는 가치와 윤리기준이 다른 사람들과 타협을 하자는 말이 아니다. 그들 문화와 역사, 관습, 경제 행위에 대해 이해와 관용을 해야 한다는 얘기다. 다른 언어를 배우는 것은 그래서 중요한 과제다.

이슬람에서는 기독교에 대한 증오가 남다르지 않나.

▶기독교 유대교 이슬람교는 물론이고 불교나 유교에서 공통적인 것은 부모 형제에 대한 존경이다. 신의 눈에서 인간은 누구나 같다. 그것은 내 신념이기도 하며 대부분 종교인이 갖는 믿음이라고 생각한다. 빈 라덴은 존경과 관용이 없는 인물이다. 그가 이슬람교를 믿는 인물이라면 모든 세계인에 대해 존경과 관용을 보여야 한다. 나는 빈 라덴에게만 그런 기준을 적용하는 것은 아니다. 미국도 마찬가지다.

새로운 21세기는 20세기보다 더 심각한 전쟁이 벌어지지 않을까 하는 걱정이 있다.

▶보다 엄밀하게 말한다면 전쟁을 원치 않는다기보다는 전쟁에서 지기를 원치 않을 것이다. 전쟁은 그래서 일어난다.

권력과 힘이 다른 편에 있는 사람의 믿음과 철학을 억누를 수 있다고 자신하지 않는다면 전쟁은 일어나지 않을 것이다. 그러나 이에 대한 착각이 전쟁을 생산한다. 그것은 오해다. 그리고 종교가 개입됐다면 그것은 광신주의일 뿐이다. 그리고 다른 요인이 있다면 경제적인 것이다. "너는 돈을 가졌는데 나는 없다. 그것을 나눠 가져야겠다. 나는 그럴 만한 자격이 있다"고 주장하고 다른 한편에서는 그 요구에 응하지 못할 때 전쟁은 일어난다.

전쟁이 일어나면 쌍방간 대화 통로가 막히고 사회적인 정의가 소멸한다. 관용할 수 있는 시간은 사라

로렌스 비욘디 세인트루이스대학 총장

지고 화와 초조함이 들끓는다. 이런 행위를 차단하는 유일한 수단은 '힘'이 아니라 '대화'다.

우리는 이런 능력이 있다. 통신이 발달하고 모든 악성 루머를 조절할 수 있는 능력을 갖고 있다. 나는 만에 하나 전쟁이 일어난다고 해도 1년 안에 종결될 것으로 본다.

그리고 세계가 충돌하는 3차 대전 같은 것은 불가능하다고 본다. 이스라엘–팔레스타인 관계에서 보듯이 지역적인 분쟁은 있을 것이다.

핵무기와 같은 대규모 살상무기가 전쟁 억제력을 발휘하고 있지 않나.

▶핵무기는 위험하면 위험했지 결코 안전장치가 될 수는 없다. 그것은 세계를 위협하는 해악이다.

한국인이 세계화에 적응하려면 어떤 조건이 필요하다고 보는지.

▶세계 시민이 되기 위해서는 지금보다도 훨씬 더 마음을 열고 외국 문화를 흡수해야 한다. 겉으로는 개방한다고 하고 마음을 닫으면 안된다. 인종에 대한 편견, 윤리가치에 대한 편견을 버리고 세계와 함께하겠다는 자세가 중요하다. 경제 개방도 중요한 과제다. 외국 기업들을 공정하게 대해야 하고 한국의 동반자로서 이들을 초청해야 한다.

로렌스 비욘디는 누구

- 1938년 12월 15일생
- 70년 성직자 서임
- 조지타운대 사회언어학 박사(75년)
- 시카고 로욜라대 수료
- 시카고 예수신학대 성직자격증 취득
- 시카고 로욜라대 교양학부 학장
- 세인트루이스대 총장(87년~현재)

로렌스 비욘디 세인트루이스대 총장은 신부다. 미국 서부개척 출발지인 세인트루이스에 자리잡은 대학 캠퍼스에서 비욘디 신부를 만나 9·11 테러사태 후 복잡하게 얽히고 있는 세계 현상에 대한 고견을 들었다. 비욘디 총장은 미국의 오만과 우월에 대한 반성부터 시작했다. 상대할 적이 없는 초강대국 미국은 오히려 그 권력과 힘으로 인해 세계를 끌어안는 관용과 이해를 잃었다는 게 비욘디 총장의 통찰이다.

국가등급 상향조정 위해 '싱크탱크' 가동

A등급으로 상향조정을 받기 위해 2002년부터 '국가경쟁력점검소위원회' 가 본격적인 활동에 들어간다.

대통령 자문 정책기획위원회 산하 소위원회인 경쟁력점검소위는 국가신용등급 상향조정을 위한 정치·경제적 환경은 물론 구조개혁, 금융시스템, 재정정책, 금융정책, 환율·국제수지, 외채관리 등을 평가해 대안을 제시하게 된다.

경쟁력점검소위는 이미 2001년 12월 국가경쟁력 평가기관인 IMD, WEF, 국가신용평가기관인 피치(Fitch) 등에 대한 현지조사를 마치고 '국가경쟁력점검 및 2002년 국가정책방향 보고서' 를 작성하고 있다.

당초 경쟁력점검소위는 설립목표를 '국가신용등급 상향' 으로 정하려고 했으나 더 포괄적인 개념이라는 이유로 '국가신인도 제고' 로 바꾸었다.

현재 마련하고 있는 보고서에는 주요 신용평가기관의 국가경쟁력 평가 방법, 평가자료 수집방법, 국가신용등급 결정 절차 등을 토대로 분야별 경쟁력 수준을 점검하고 문제점과 취약 원인을 파악해 구체적인 정책방향과 정책방안을 제시할 예정이다.

경쟁력점검소위에는 김대환 인하대 경상대학장, 어윤대 고려대 경영학과 교수, 조동성 서울대 경영대 교수, 문용린 서울대 교육학과 교수, 박병원 재경부 경제정책국장, 송대희 한국조세연구원장, 최공필 금융연구원 연구위원 등 위원 14명이 참여하고 있다.

민간 전문가들이 주축이 된 경쟁력점검소위에 대한 정부 시각은 다분히 '회의적' 이다.

재경부 관계자는 "국가신용등급을 끌어올리는 데는 정치·경제·사회 전반적인 여건개선이 필수적" 이라며 "민간위원회가 제안하는 정책은 참고용" 이라고 미리 선을 그었다. '탁상공론' 에 그칠 수 있다는 지적이다.

실제로 2001년 11월 23일 발족한 경쟁력점검소위는 이제까지 두 차례 회의를 열고, 현장출장을 토대로 보고서를 작성한 것이 활동의 전부다.

위원 14명간에 유기적인 협조도 거의 이뤄지지 않고 있다. 활동여건도 크게 미흡하다는 지적이다. 정부 파견인원은 재경부에서 정책기획위원회에 파견한 과장 1명이 고작이다. 그나마도 다른 업무를 겸하고 있어 체계적인 관리는 기대하기 어려운 실정이다. 경쟁력점검소위에 대한 재경부의 냉담한 시각을 여실히 드러내고 있는 셈이다.

예산사정도 마찬가지다. 한 참여위원은 "한 차례 국외 현지조사만으로 예산이 동나는 기구에서 어떤 일을 할 수 있겠느냐"며 "정부가 나서서 해결해야 할 일을 정부 스스로 방해하고 있는 꼴"이라고 꼬집었다.

아르헨티나 추락

아르헨티나는 한때 금융위기에서 벗어나 국가신용등급이 높아졌다가 다시 몰락한 대표적인 국가. 20세기 초반만 해도 세계 5대 경제강국에 속했던 아르헨티나는 94~95년 멕시코 위기 전염효과로 금융위기를 겪었으며 국가 위상도 크게 떨어졌다. 아르헨티나는 다시 허리띠를 졸라매고 공기업 민영화, 외국인 투자 촉진, 시장개방 등 경제개혁을 단행했다.

그 결과 97년 경제성장률은 8%를 넘어섰고 국가신용등급도 BB-(97년 4 월, S&P 기준)에서 BB로 한 단계 상승했다. 그러나 성장세를 계속 살릴 만한 정부나 정치권 내 리더십 부재로 아르헨티나 경제는 끝내 침몰하고 말았다. 경제회생과 등급상승의 기회를 놓친 아르헨티나 사례는 한국에 많은 교훈을 던져준다. A국가 길목에 서 있는 한국도 이렇게 되지 않는다는 보장이 없다.

아르헨티나는 97년부터 국가신용등급 BB를 유지해왔으나 2000년 11월 BB-등급으로 떨어진 것을 시작으로 하락행진을 계속했다.

2001년 3월에는 B+로, 7월 B-, 10월 말 CC로 하락한 데 이어 11월에는 S&P 기준 으로 최하위 등급인 SD(Selective Default: 선택적 외채지불중단)로 추락했다. 아르헨티나 경제가 급락한 데는 고정환율

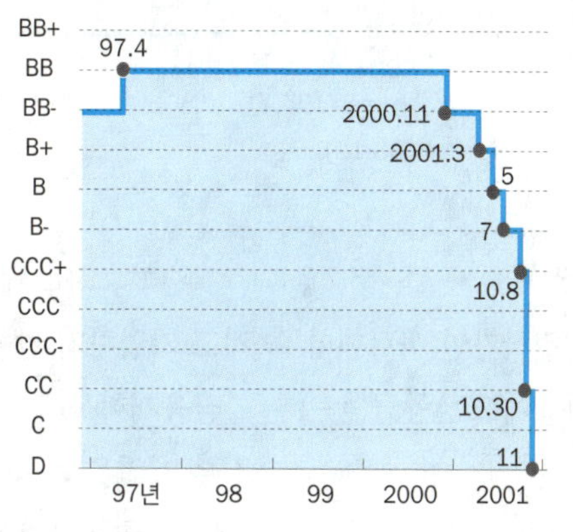

제도 폐해(페소화 고평가), 방만한 재정운영에 따른 재정적자, 장기 경기침체에 따른 세수기반 약화, 노사갈등 격화, 정치적 리더십 부재 등이 복합적으로 작용했다.

페소화 고평가는 수출경쟁력 약화는 물론 이 곳에 진출한 다국적기업들이 브라질 등 인근 국가로 생산기지를 이전하는 계기로 작용했다.

방만한 재정운영도 아르헨티나 경제를 침몰시킨 주요인이었다. 과도한 정부지출로 재정적자가 확대됐고 대외부채는 눈덩이처럼 불어났다. 95년 말 989억달러였던 외화부채는 해마다 증가해 2000년에는 1445억달러를 기록해 불과 5년 만에 50%나 늘어났다. 95년 경상GDP 대비 37%였던 외화부채 비중도 같은 기간 51%로 껑충 뛰었다.

1년 안에 상환해야 하는 단기외화부채 규모는 476억달러로 외환보유액(265억달러) 대비 1.8배에 달해 아르헨티나 경제는 빚더미에 깔려 있는 상황을 맞았다. 정치적 리더십 부족과 만성적인 노사갈등도 몰락의 핵심 요인으로 작용했다. 많은 다국적기업들이 생산비용이 저렴하고 상대적으로 노사관계가 안정된 브라질로 생산공장을 이전함에 따라 실업률 증가와 경기침체의 악순환이 계속됐다.

칠레 일관된 개혁·정치안정 A등급 '두 축'

80년대 외환위기를 겪은 뒤 지금은 중남미에서 '경제 우등생'으로 불리는 칠레 사례는 많은 교훈을 시사한다. 칠레는 멕시코 외환위기 1년 뒤인 95년 7월 국가신용등급이 BBB+에서 A-로 올랐고, 특히 최근 인접국가인 아르헨티나가 채무불이행을 선언하는 와중에도 A등급(A-, S&P 기준)을 굳건하게 고수하고 있다.

당초 칠레는 70년대 국가재정 고갈로 인한 통화 폭증으로 물가상승률이 600%까지 치솟는 혼란을 겪었고 80년대 초반에는 세계 경기침체와 페소화 고평가로 인해 엄청난 외환위기를 경험했다.

총수출액 대비 외채비율이 79년 270%에서 85년 520%까지 높아졌고 국내총생산 대비 외채비율도 40%에서 110%로 폭등했다.

칠레가 이런 위기를 극복한 비결은 정치·사회적 안정을 토대로 과감한 국영기업 민영화, 적극적인 대외개방, 안정적인 거시운용, 금융기관 독립성 보장이 주효했던 것으로 분석된다.

특히 73년 피노체트 군사정권부터 최근 민선 정부에 이르기까지 일관성을 유지한 과감한 대외개방과 개혁정책은 칠레 경제의 화두로 높이 평가된다.

'시카고 보이스(Chicago Boys)'로 불리는 엘리트 경제학자들이 권고한 데 따라 신자유주의적인 과감한 개혁개방정책을 추구하면서 과감한 민영화를 실시한 것이다. 이런 개혁개방정책은 80년대 초반 외환위기 때 잠시 후퇴하는 시행착오를 겪었지만 지금까지도 근간을 유지하고 있다. 개혁·개방 덕택에 개발도상국 중 가장 규제가 적고 기업하기 편한 나라로 꼽힌다.

금융개혁을 교과서 방식으로 원칙대로 밀어붙여 정부 개입을 최소화한 금융시스템을 구축한 점은 우리가 시급히 본받아할 대목. 정부 개입이 사라지면서 칠레 시중은행들이 기업대출을 기피해 경기회복에 걸림돌로 작용한다는 부작용이 있지만 적어도 막대한 기업부실로 인한 금융위기는 거의 없는 셈이다.

적절한 거시경제정책 운영도 칠레 경제의 성공 요인이다. 90년 이래 집권한 민선 정부가 모두 좌파 성향이지만 인기영합적인 정책보다는 임금안정과 재정건전화 정책을 고수한 것이 큰 도움이 됐다.

대다수 중남미 국가가 개혁개방, 경제안정 정책을 추구했음에도 칠레만이 성공할 수 있었던 데는 정치적 안정이라는 토대가 중요한 몫을 했다. 민선 정부가 모두 중도좌파 성향을 띤 연합정권임에도 불구하고 우파야당과 군부간 합의를 바탕으로 정치·경제 운영에 나서고 있다.

군부정권 시절부터 형성된 부정부패가 적은 사회풍토와 교육열, 근면성 등 문화적 배경도 또 다른 성공 요인으로 꼽힌다.

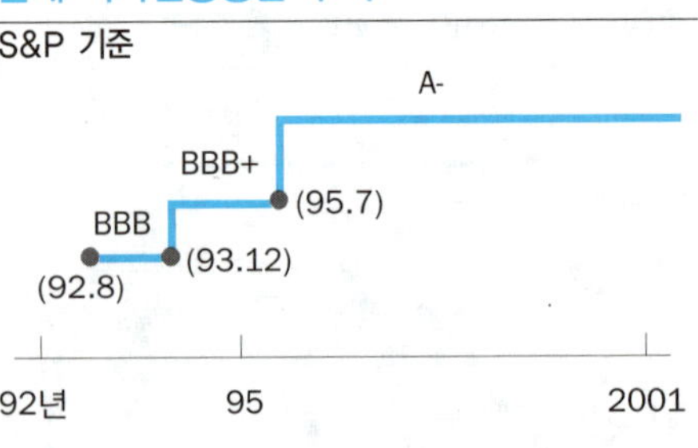

2 정치부터 바꾸자

정치가 진짜 문제다

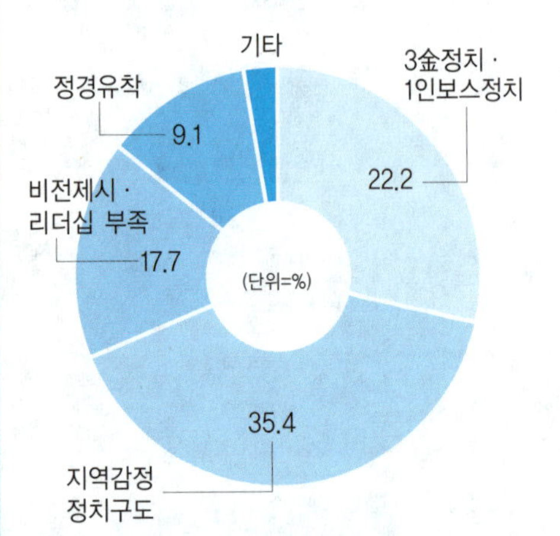

'정치가 문제다(politics matters).'

한국의 업그레이드는 정치에서 출발할 수밖에 없다고 여론 주도층들은 입을 모은다. 한국을 이끄는 리더와 전문가들은 과거 군부정권 시절처럼 정치를 무서워하지는 않았다. 이들은 오히려 정치가 선진한국의 발목을 잡는 문제라는 걸 '고발' 하는 데 앞장섰다.

이들을 대상으로 한 서베이에서도 반드시 추진해야 할 개혁 1순위는 정치분야다. 매일경제가 사회지도층 200명을 대상으로 실시한 서베이에서 응답자 중 절반 이상(50.5%)은 2002년 반드시 추진해야 할 개혁분야로 정치분야를 손꼽았다.

금융분야가 14.5%로 2위를 차지했고 노동 12%, 재벌 등 기업구조 10%, 행정 6.5%, 교육 5.5%, 군대 1% 순을 보인 것에 비하면 진짜 문제는 정치에 있다는 인식을 고스란히 보여준 셈이다.

같은 맥락에서 정치권이 사회 각 분야에서 신뢰성이 가장 낮고, 생산성도 가장 낙후돼 최우선 개혁 대상 집단으로 꼽혔다.

기업 정부 정치 언론 법조 종교 노동 시민단체 학계 등 한국에서 생산성이 가장 낙후된 집단을 묻는 질문에 응답자 중 73%가 정치권을 1순위로 지목했다. 정치권 다음으로 생산성이 낙후된 분야로 행정부와 학계, 노동계 등이 꼽혔지만 모두 한자릿수에 그쳐 정치권 '아성' 에 도전하기에는 역부족이다.

신뢰성이 가장 떨어지는 분야를 묻는 질문에서도 정치권은 1등을 고수해 84.4%를 차지했다. 그 다음으로 언론계, 관계, 재계, 학계, 시민단체 등이 거론됐지만 역시 한자릿수에 그쳤다.

선진 한국을 이룩하기 위해 가장 큰 개선과 변화가 필요한 분야가 어디냐는 질문에 정치권이 당당히 '수위(75.9%)'를 차지했다.

한국의 최하류인 정치권이 다른 분야에 개혁과 변화를 촉구하는 것은 일종의 '조크'라는 것이 새삼 확인된 셈이다. 그렇다면 대한민국 문제 1번지인 정치를 변화시킬 도화선은 무엇일까. 한국정치의 가장 큰 문제로 지역감정에 기반한 정치구도(35.4%)와 3金정치 등 1인 보스 중심 정치로 권력이 사유화(personalize)하는 현상(22.2%)을 지목했다.

한국의 비전제시와 이를 실행에 옮길 리더십이 부족하다(17.7%)도 만만치 않았고 제왕적 대통령제, 낙후된 정당정치와 취약한 입법부, 검찰, 국세청, 국정원 등 이른바 권력기구의 정치화도 문제로 손꼽혔다.

이같이 많은 문제를 해결하기 위해서는 많은 대책이 필요하겠지만 시급한 것은 보스정치(27.4%)와 지역감정(25.4%) 추방이라는 견해가 지배적이다.

그렇다면 정치권에 변화를 불러일으킬 주체는 어디일까. 응답자들은 정치의 변화는 정치인에게 맡기는 것이 가장 적절하다(37.8%)고 지적했다. 일반 유권자(19.9%)와 언론계(15.8%), 시민단체(14.3%)가 그 뒤를 이었지만 정치 개조는 정치가 맡는 것이 바람직하다는 것이다.

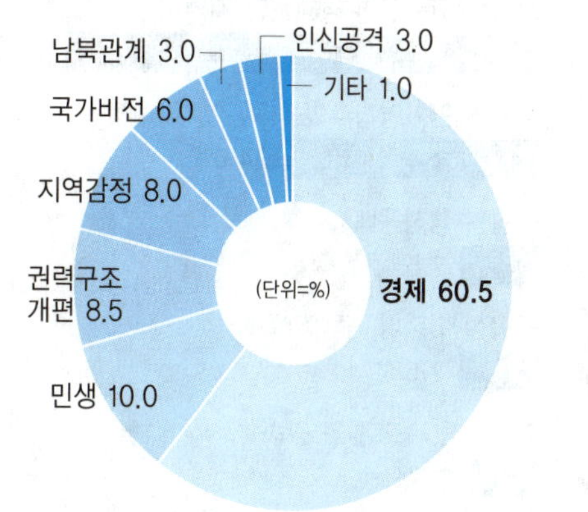

줄서기비용 만만치 않네요

선거가 경제에 주는 가장 큰 부담은

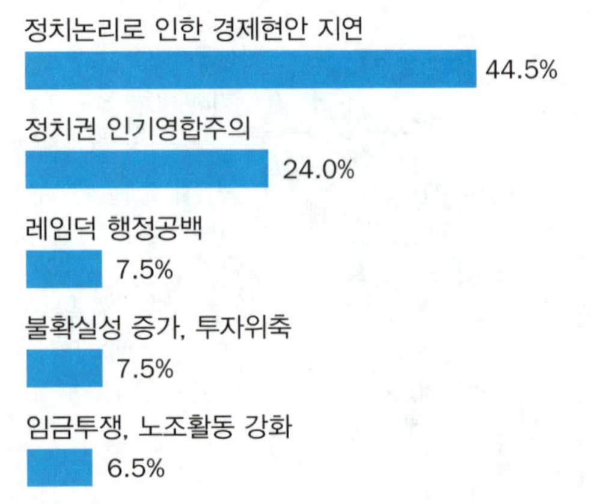

선거가 경제에 찬물을 끼얹을 가능성을 극도로 경계하는 여론이 높다. 그 동안 몇 차례 선거를 통해 이를 경험한 바 있고 정치논리에 경제가 휘둘리는 현상도 심각하게 나타났기 때문이다. 매일경제가 2002년 초 실시한 선거관련 설문에서도 정치, 특히 선거가 가져올 부정적인 효과에 대한 염려는 높게 나타나고 있다.

지방선거와 대통령선거 등 2002년에 실시되는 두 차례 선거가 경제에 '나쁜 영향을 줄 것'이라는 응답은 51.5%에 달했다. 절반 이상이 선거가 경제에 부담을 줄 것이라고 답변했다.

'좋은 영향을 줄 것'이라는 응답은 27%, '별 영향을 주지 않을 것'이라는 응답은 20.5%로 나타났는데 10명 중 9명 이상(93%)이 월드컵과 아시안게임은 경제에 긍정적 영향을 줄 것이라고 응답한 것과 좋은 대조를 이룬다.

응답자들은 2002년 선거가 경제에 부담을 줄 가장 큰 요인으로 '정치논리로 인한 경제현안 해결 지연(44.5%)' '정치권의 인기영합주의와 선심성 정책 남발(24%)' 등을 꼽았다. 아르헨티나와 멕시코 등 남미 '대표선수'들이 선진국 문턱에서 '정치 문제'로 인해 만성 위기국가로 좌초한 실패담을 연상케 하는 답변이다.

이들은 선거의 또 다른 부작용으로 레임덕에 따른 행정공백과 공무원 복지부동(7.5%), 불확실성 심화에 따른 기업투자 위축(7.5%), 임금투쟁 등 노조활동 강화(6.5%), 각종 집단이기주의 만연(5.0%) 등을 지목했다.

선거철이 지나면 경제가 확실히 살아나리라는 전망이 많은 것도 정치에 대한 '피해의식'을 방증한다. 응답자들은 2002년 12월 대통령 선거가 끝난 뒤 새 정부가 들어서는 2003년에는 '경제가 많이 좋아질 것(10%)', '다소 좋아질 것(59%)'이라고 내다봤다. '지금과 비슷할 것'이라는 응답은 21%였고 '다소 나빠질 것(8.5%)' '많이 나빠질 것(1%)' 등 부정적인 전망은 10% 미만에 불과한 것으로 나타났다.

한국의 정치와 선거가 경제에 어떤 영향을 주고 있는지는 기업 관점에서 볼 때 더욱 구체적으로 나타난다. 세상이 많이 좋아졌다고는 하지만 2002년 처럼 지는 두 차례 선거는 투자와 자금, 인사 등 기업 경영의 핵심에 여전히 많은 부담을 줄 것으로 보인다.

설문 응답자 가운데 양대 선거는 기업경영 전반에

정치자금 부담

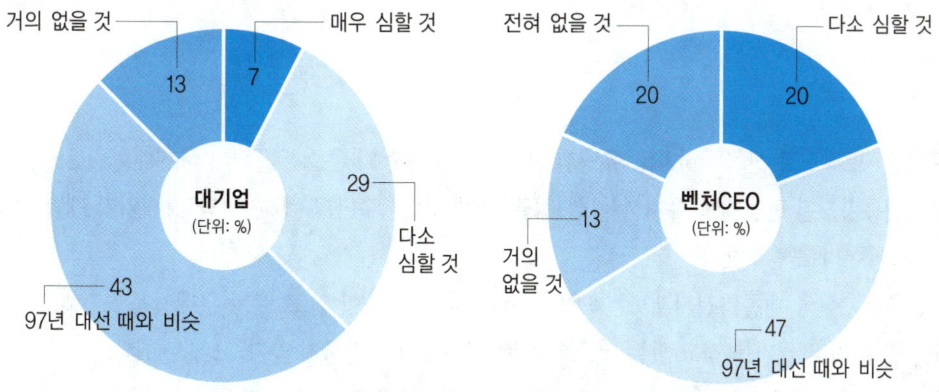

* 매일경제신문이 2001년 말 각계 오피니언리더 200명을 대상으로 실시한 설문조사 결과

나쁜 영향을 주리라는 의견(57.5%)이 지배적인 것으로 나타났다. 좋은 영향을 주리라는 전망은 17.5%에 불과했다. 보다 구체적으로 투자와 관련해서는 '매우 위축될 것(6%)', '다소 위축될 것(50.8%)' 등 56.8%가 부정적으로 내다봤고 투자가 확대되리란 전망은 9.5%에 그쳤다.

조왕하 코오롱그룹 부회장은 이 같은 서베이 결과에 대해 "기업이 가장 두려워하는 것은 선거 그 자체라기보다는 예측 불가능한 환경"이라고 지적한다. 한국의 선거가 인기영합주의와 선심성 정책경쟁 대결로 흐르다보니 경제가 과연 어떤 방향으로 전개될지 대단히 불투명해진다는 것이다.

예컨대 구조개혁을 전제로 경영계획을 수립해 온 기업들은 선거철 경기부양 논리에 접하게 되면 기업경영의 기본틀 자체를 바꿔야 하는데 선거가 끝나면 또 어떻게 될지 몰라 결국은 '투자보류 또는 관망' 과 같은 어정쩡한 처방을 내놓게 된다는 것이다.

정치자금은 예나 지금이나 여전히 기업을 괴롭힐 것으로 전망된다. 대통령 선거로 기업이 느낄 정치자금 부담을 묻는 질문에 대해 '매우 심할 것' 이란 응답이 9%, '다소 심할 것' 이란 응답이 36.5%, '97년 대선과 비슷할 것' 이란 응답이 37%로 나타났다. 80% 이상이 정치자금이 기업에 부담을 지울 것으로 염려하고 있는 셈이다.

이보다 더욱 흥미로운 것은 이른바 '줄서기 비용'. 설문 응답자들은 대통령 선거, 새 정부 출범과 관련해 새로운 인맥을 구축하는 데 기업이 느낄 부담은 정치자금보다 더욱 클 것으로 나타나 눈길을 끈다. '매우 클 것(16%)', '다소 심할 것(48.5%)', '97년과 비슷할 것(30 .5%)' 등 무려 95%가 이 같은 부담을 걱정하는 것으로 나타났다. 정권교체로 인한 새 인맥 구축 부담이 없으리란 응답은 단 하나도 나오지 않았다.

한국의 정치와 경제가 아직도 '연고와 인맥' 에 크게 의존하고 있음을 방증하고 있다.

전경련 관계자는 "한국의 정치가 시스템과 법치가 아니라 사유화한 권력과 인치에 의존하는 한 그 같은 병폐는 앞으로도 사라지지 않을 것"이라고 지적했다.

"대통령 단임으론 레임덕 위기 반복 못막아"

'역사의 종언' '트러스트(신뢰)' 저자로 유명한 프랜시스 후쿠야마 존스홉킨스대 국제대학원(SAIS) 교수는 "한국이 현행 대통령 5년 단임제를 유지하는 한 정권 말기 권력누수(레임덕) 현상과 경제위기 재발 가능성은 사라지지 않을 것"이라고 강조했다.

후쿠야마 교수는 "한국 대통령선거제도는 멕시코 등 남미 국가들이 안고 있는 문제점을 노정하고 있다"며 "멕시코가 6년을 주기로 위기를 겪고 있는 것도 대통령 선거제와 무관하지 않다"고 진단했다.

후쿠야마 교수는 또 "한국 정치제도는 지나치게 대통령에게 권력과 정보가 집중돼 있다는 점에서 심각성이 있다"며 "강력한 정당제도와 사법부의 실질적인 독립으로 견제와 균형을 찾아야 할 것"이라고 권고했다. 그러나 정치권의 끊이지 않는 알력과 갈등에 대해 후쿠야마 교수는 "오히려 민주주의를 위해 유해한 것이 아니다"고 말하고 "갈등을 사회적 합의란 미명으로 봉합하는 일본보다 한국 정치의 미래는 밝다"고 낙관했다.

후쿠야마 교수는 9·11테러를 민주주의 전도사임을 자부한 미국의 예외주의에 종언을 고한 사건으로 해석하고 오만과 독선을 지우고 세계를 포용하는 외교노선을 밟을 수밖에 없을 것이라고 예견했다.

그는 서방 기독교 문명과 이슬람 문명간 충돌을 염려한 새뮤얼 헌팅턴 교수 이론에 반기를 들면서 "굳이 충돌이라고 한다면 그것은 이슬람 파시즘과 서구 가치제도간 충돌"이라고 표현했다. 앞으로 전개될 새로운 세계 질서에 대해서는 "글로벌 경제에서 이슬람 국가가 소외되는 것이 가장 큰 특징일 것"이라고 말했다.

한국은 이제 정치의 계절로 접어들었다. 대통령 선거가 채 1년도 남지 않았고 이에 앞서 지방자치단체장 선거도 치러야 한다. 우리는 과거에도 이런 정치 시즌에 경제가 휘둘린 뼈아픈 경험을 갖고 있다. 먼저 한국 정치의 가장 큰 문제점은 어디에 있다고 보는지.

▶우선 지적하고 싶은 것은 대통령선거제도에 있다고 본다. 현행 5년 단임제를 바꾸지 않으면 레임덕과 경제위기가 반복될 가능성이 사라지지 않을 것이다.

5년 단임인 한국 대통령제는 지금 남미가 겪고 있는 문제점을 그대로 지니고 있다. 임기말 레임덕 현상이 불가피하다. 임기를 단축하고 단임을 연임 가능으로 바꾼다면 이런 레임덕 현상은 어느 정도 치료할 수 있다. 차기가 있을 수 있다는 것 자체가 정권 말기에 권력누수를 막을 수 있기 때문이다.

단임제인 멕시코는 정권 말기에 무책임한 정책을 잇따라 시행했다. 차기에 재선되리라는 보장이 없다고 판단했기 때문이다. 멕시코가 대통령 임기인 6년마다 주기적으로 경제위기 악몽에 시달리는 근본적인 이유도 여기에 있다. 연임은 권력의 무분별한 방기를 차단하는 제도적인 틀이다.

선거제도 외에 한국 대통령중심제와 관련된 문제점을 지적한다면 어떤 것이 있는지.

▶한국 대통령제도와 관련해 또 다른 문제점은 견제 기능이 약하다는 것이다. 국가 안보와 관련해 대통령 권한을 강화한 점은 이해된다. 그러나 적어도 행정부 에서 보다 독립된 사법부 정립이 중요하다.

한국이 지속적으로 정치부패 문제로 시달림을 당 한다면 독립검사제 도입을 검토해야 한다고 본다. 대 통령에게서 독립된 검사가 있어야 한다. 정치인들 사 이에 단순한 정쟁으로밖에 볼 수 없는 일들에 사법권 이 휘둘린다면 곤란하다.

나는 대통령제를 선호한다. 대통령제가 보유하는 리더십이 강조되는 시대이기 때문이다. 그러나 그것 은 어디까지나 견제와 균형을 보장하는 제도적 장치 아래에서 용인될 수 있는 것이다. 나는 아직도 이 문 제와 관련해 한국 정치에 대한 염려를 지울 수 없다. 만약 한국이 연임 가능한 대통령제를 채택한다면 견 제장치도 마련될 것이라고 확신한다. 왜냐하면 적어 도 첫 임기에서는 재신임을 염두에 두지 않을 수 없 기 때문이다.

요약하자면 지금 한국은 독립된 사법부 그리고 모 든 정보를 장악한 대통령 권한을 부분 해제하는 노력 이 필요하다. 그 출발점을 선거제도 개혁에서 찾는 데 동의한다.

정치권력이 경제에 개입해 발생하는 부작용이 크다. 한

국은 2001년 각종 스캔들에 바람 잘 날이 없었다. 경 제가 정치에서 독립하려면 어떻게 해야 하나.

▶어디나 수많은 이해집단이 있다. 그리고 부정이 통 하는 정치권력이 있다. 그들은 합리적인 경제정책 결 정 과정에 훼방꾼이다. 이런 상황은 어느 국가나 직면 한 문제다. 해법이 있다면 그것은 투명성을 높이는 일 이다. 그보다 더 효과적인 방법을 나는 알지 못한다.

민주적인 제도가 제 기능을 발휘할 수 있게 하는 한 가지 방법은 실수에 대한 책임을 부여하는 일이 다. 한 가지 예를 들어 보자. 김영삼 전 대통령과 그 아들이 한보그룹 스캔들에 연루됐다. 이는 자신들을 파괴했고 97년 위기상황에서 제대로 된 결정을 내릴 수 없게 만들었다. 대선에서 김대중 후보를 선출한 것은 대단히 의미있는 일이었다. 대통령을 바꾸는 것 이 유일한 선택이었기 때문이다.

과거로 돌아갈 수는 없다. 권위주의적 관료제도는 한국을 다시 환자로 만들 수 있기 때문이다. 행정부 가 중심이 된 경제드라이브는 더 이상 통하지 않는 다. 경제관료들은 그것을 훼방이라고 부를지 모르고, 설령 백해무익한 정치 개입이라 하더라도 견제와 균 형을 포기하면서 경제발전을 추구할 수는 없다. 후진 적 정치라 해서 민주주의 자체를 비난할 수는 없다.

투명성을 높인다는 것은 제도적인 측면을 말하는 것인 지.

▶법과 규정을 정비하는 것만 의미하는 게 아니다. 그것은 협의의 투명성이고 더 중요한 것은 강력한 정

당제도다. 서로 비판할 수 있는 강력한 정당을 갖는다는 것은 결코 나쁜 게 아니다. 그래야 서로 책임있는 정당이 된다. 1인 보스 중심인 정치에서 탈피하는 유일한 방법도 강력한 정당제도를 구축하는 것이다. 결코 쉬운 일은 아니다. 힘겨운 노력이 뒤따라야 한다.

자칫하면 한국의 후진적 정치, 정치권의 비생산적이고 소모적인 다툼을 그냥 방기하자는 뜻으로 오해할 수도 있겠는데.

▶나는 한국의 모든 정치 문제가 점진적인 제도개혁을 통해 해결된다고 믿는다. 한국은 이제 고작 민주주의를 14년밖에 하지 못한 국가다. 민주주의 제도 건설은 시간이 걸리고 수시로 땜질이 필요하고 조정이 필요하다.

미국 민주주의 역사가 참고서가 될 것이다. 미국은 건국 초기 정당도 없었고 사법부 권한도 없었다. 대통령과 부통령 개념에 대해서도 사람마다 생각이 달랐다. 시간이 지나면서 모든 것이 변했다. 전반적인 정치제도에 대해 남부 주들은 불법이라며 탈퇴를 선언했다. 정치인에 대한 신뢰도 바닥이었다. 30년 간 치열한 논쟁 끝에 오늘날 미국 민주주의의 기초가 닦인 것이다.

한국 정치의 미래를 어떻게 보는지.

▶나는 한국에 대한 낙관론자다. 장기적인 관점에서 한국 민주주의는 일본보다 훌륭하다는 생각에 변함이 없다. 한국에는 민주적인 정치제도에서는 항상 있게 마련인 명백한 사회적 갈등이 있다. 일본에서는 이런 갈등이 일종의 사회적 합의라는 이름으로 매몰된다. 외국인들은 전혀 이해할 수 없는 구석이 일본 정치에는 있다. 경제적으로도 한국은 굉장한 비교우위가 있는 나라다. 반드시 성취해야 할 개혁도 성공적으로 추진하고 있다. 근본적인 결함이 있다고는 생각하지 않는다.

교수께서는 갈등을 전혀 대수롭게 여기지 않는 것 같은데.

▶다시 말하지만 사회적 갈등 그 자체는 문제가 아니다. 결론이 나지 않는 그리고 민주적인 논쟁이나 경쟁으로 해결되지 않는 갈등만이 문제다. 그것조차 일본처럼 수면 아래로 스며드는 것보다는 낫다. 서로 다른 이해계층이 있다는 것은 좋은 일이다. 민주주의는 이런 갈등을 제거하는 것이 아니다. 그것을 일련의 제도 속으로 여과시키는 것이 진정한 민주주의 본질이다.

9·11 테러와 미국, 세계질서에 대한 고견을 듣고 싶다. 먼저 교수께서는 얼마 전 파이낸셜타임스 기고에서 미국의 예외주의(American exceptionalism)는 종언을 고했다고 했는데 구체적으로 어떤 의미인지, 그리고 이는 '역사의 종언'과 맥을 같이하는 것인지.

▶미국은 늘 다른 국가와 다른 길을 걸어왔다. 외교도 마찬가지다. 민주주의를 세계에 전파한다는 의무감이 미국에는 있다. 이는 미국을 다른 선진국과 차별화하는 요인이었다. 그러나 이러한 미국의 전략이 일각에서 오만과 독선으로 비춰졌다는 게 문제다. 옳다는 신념만으로는 안된다. 세계를 끌어안고 그들과

머리를 맞대고 세계 문제를 푸는 포용주의가 필요하다. 그리고 미국은 반드시 그 길을 걸어갈 것이다.

그럼에도 불구하고 내가 '역사의 종언'에서 말했듯이 세계는 미국이 추구하는 자유민주주 시스템으로 귀결한다는 신념에는 변함이 없다. 그것은 분쟁에서 자유로워진다는 것을 의미하지는 않는다. 그리고 분명히 구별되는 사회적 특징이 소멸된다는 것을 의미하는 것도 아니다.

그렇다면 앞으로 전개될 세계질서는 어떻게 규정할 수 있나.

▶매우 어려운 질문이다. 이 정도로만 말하고 싶다. 9·11 테러 후 세계질서 변화에서 가장 중요한 현상 중 하나는 이슬람권이 글로벌 경제에서 소외(alienation)되는 것이다. 그것은 단순히 아프가니스탄 내에 있는 테러리스트 문제로 국한되지는 않을 것이다.

소외는 아랍세계 전반으로 확산되고 시간이 지날수록 심화될 것이라는 생각이다. 그것은 새뮤얼 헌팅턴 교수가 말하는 문명충돌이 아니다. 나는 서방 기독교와 이슬람이 충돌하리라고 생각하지 않는다. 굳이 충돌이라는 표현을 쓴다면 나는 일종의 이슬람 파시스트 버전(fascist version)과 서구 가치·제도간 충돌이라고 표현하고 싶다. 이런 충돌이 해소되는 데는 어느 정도 시간이 걸릴 것이다.

테러 후 세계 경제는 어떤 영향을 받을 것으로 보는지. 경제는 전공이 아니지만 정치사회학자로서 이에 대한

대답도 나름대로 갖고 있으리라 생각하는데.

▶먼저 오사마 빈 라덴이 제거되고 탈레반이 붕괴된다면 앞으로 9·11사태와 같은 가공할 테러나 중동지역 불안은 더 이상 없을 것으로 본다. 세계경제도 회복될 것이다. 다만 보안 강화로 거래비용의 전면적 상승은 불가피하다. 메일이나 운송 등에 관한 규제가 심해지고 이는 경제행위 비용을 높일 것이다. 그러나 이런 것이 세계경제 전반에 심각한 타격을 입히지는 않는다.

문제가 있다면 오히려 정치 쪽이다. 불확실성이 높아졌다. 파키스탄 이집트 사우디아라비아 같은 국가에 뜻하지 않은 일격이 가해질 수 있다. 보다 큰 가능성은 이라크일 것이다. 이라크는 대량 살상무기를 소유한 국가며 미국이 그렇게 오랫동안 관용으로 대할 것 같은 분위기가 절대 아니기 때문이다.

97년의 악몽과 정치

21세기 두 번째 해를 맞이한 지금에도 1997년은 한국인에겐 잊을 수 없는 한 해로 남아 있다. '한강의 기적'을 노래하며 아시아의 호랑이라 불리던 한국 경제가 한순간에 무너져 내린 1997년. 사회 구석구석에 깊이 패인 그 상처는 지금도 아프게 남아 그때 악몽을 잊지 못하고 있다.

장 미셸 세베리노 세계은행 총재가 최소한 '10년 이상 영향(one decade impact)'을 줄 것으로 예견한 97년은 그러나 아직까지 한국에 새로운 교훈을 준 테제로 자리잡지 못하고 있다.

5년이 지난 2002년에 또 다시 경제위기 재연을 경계하는 목소리가 남미의 아르헨티나뿐 아니라 한국에서도 터져 나오는 것이 이를 방증한다. 그리고 그 같은 염려의 중심에는 여전히 '반성하지 않는 정치'가 자리잡고 있다.

윤영관 서울대 교수(국제 정치경제학 전공)는 "97년 경제위기에 대한 경제학적 분석은 어느 정도 이뤄졌으나 정치적 분석은 대단히 미흡한 수준"이라며 "97년을 의미 있는 교훈으로 삼기 위해선 최소한 대외적으로는 미국, 대내적으로는 한국의 정치가 당시 어떤 역할과 변수로 작용했는지에 대한 체계적 규명이 필요하다"고 지적한다.

미국의 '블랙박스'는 일단 차치하자. 윤 교수가 지적한 것처럼 한국의 정치는 97년 경제위기와 관련해 어떤 단죄도 받지 않았다. 한국의 정치는 기업인과 금융인 그리고 정책관료를 법정에 세우고 감옥에 보내며 스스로 심판관이라고 자처했을 뿐이다. 역사는 과연 한국의 정치, 정치인에게 '무죄'를 기록할 것인가.

잠시 97년 경제팀을 이끌었던 강경식 씨 '회고'와 함께 당시 연감을 뒤적여 보자. 1월 23일 정경유착과 관치금융으로 얼룩진 한보철강이 드디어 부도를 냈다. 3월 6일 당시 김영삼 대통령한테서 경제부총리 임명장을 받은 강경식 씨는 며칠 뒤인 19일 삼미의 부도를 목격해야 했다.

시장주의자로 차제에 부실기업 처리와 관련한 기강을 세울 것으로 기대됐던 그는 뜬금없이 '부도유예협약'이란 기괴한 정책을 내놓아 진로그룹에 이를 적용했다.

"대통령께서 직접 강조하십디다. 부도는 절대로 더 이상 안된다고요."

한보사건으로 아들을 감옥에 보낸 김 대통령의 절박한 하명을 강 부총리는 외면할 수 없었다고 설명했다.

5월 중순 태국 바트화가 폭락하며 아시아 각국 '운명'을 시험하려 들고 있었지만 부도를 낼 수 없는 나라가 돼 버린 한국은 1년 내내 부실기업에 끌려 다닐 수밖에 없는 처지가 되고 말았다.

한국을 '스톱' 시켜 버린 기아자동차가 단적인 예다. 7월 15일 부도위기 끝에 협조융자를 신청한 기아는 10월 24일 한국 증시가 대폭락하며 아시아 금융위기로 빠져들고 있던 순간에도 정부와 '구제방안'을 놓고 힘겨루기를 하고 있었다.

김대중 후보, 이회창 후보 등 12월 선거를 앞둔 당

시 대선주자들은 기아자동차 소하리공장을 방문해 근로자들을 격려했고 많은 언론은 '국민기업'을 살려야 한다고 기아를 응원했다.

"양식있는 분들이 선거를 이유로 경제논리를 외면한다는 압박감이 들었습니다. 한 마디로 식물정부가 된 느낌이었어요." 강 부총리의 말이다.

한국의 정치는 '실패한 장수'에게 또 다른 '변명거리'를 제공했다. 강 부총리가 마지막 모멘텀으로 삼겠다고 내놓은 '금융개혁법안'을 11월 18일 국회가 끝내 무산시킨 것이다. "여야 모두 선거를 한 달 앞둔 상태에서 한국은행 노조 등 이해당사자들을 건드려선 곤란하다는 계산이 작용한 거지요. IMF 구제금융이 진행되고 있는 걸 알면서도 정치인들은 표를 생각했어요."

루빈 당시 미국 재무장관에게 '마지막 기회'를 위한 전화통화를 예약했던 날이기도 했지만 강 부총리는 다음날 해임되고 임창열 신임 부총리는 '수많은 곡절'을 남기며 사흘 뒤인 11월 21일 IMF 구제금융행을 발표했다. 12월 18일 대통령선거에서 당선된 김대중 당선자는 23일 "우리나라가 내일 아니면 모레 부도를 낼 지경이라 잠이 안온다"고 언급했고 한국의 97년은 그렇게 추락을 거듭하며 저물고 있었다.

정치가 제대로 작동했다면 한국은 과연 위기를 피할 수 있었을까?

"위기를 완전히 모면하기는 어려웠을 겁니다. 그러나 그토록 충격적이고 분열적인 양상으로 한국을 찢어놓지는 않았겠지요." 김인호 당시 경제수석의 말이다.

"감옥에서 강 부총리와 이런 말을 했어요. 97년으로 되돌아간다면 어떻게 하겠느냐고. 똑같은 일을 하고, 똑같이 감옥에 가게 될 것이라며 서로 씁쓸히 웃었지요."

김대중 정부 전반기에 경제팀을 이끌었던 강봉균 전 재경부 장관은 이런 말을 했다.

"한국에서 정부의 경제정책을 총괄한다는 것은 매일 매일 정치현실과 직면한다는 것과 같은 얘기입니다. 정치가 제대로 돌아가야만 경제정책을 제대로 펼 수 있다는 건 역대 모든 경제팀장이 공유하는 경험일 것입니다."

정덕구 전 산자부 장관의 말은 더욱 직설적이다.

"김 대통령 초반기에 왜 구조개혁이 그런대로 잘된지 아십니까? 당시에 정치권은 아무 것도 못하는 상태였어요. 서글픈 얘기지만 정치의 부재가 한국 경제엔 도움이 됐던 거죠."

한국의 정치. 도와주지는 말아도 가만히 놓아두기라도 해 달라는 이들의 공통된 메시지는 과연 잘못된 것일까.

마(魔)의 5년 사이클을 극복하라

2002년 대통령 선거를 포함한 2대 선거를 앞두고 5년 주기로 반복되는 '정치-경제 순환주기(Polictical business cycle)'를 극복해야 한다는 주장이 공감을 얻고 있다. '정치-경제 순환주기'가 주목받는 것은 5공화국 이래 경제성장률 등 각종 지표가 정권의 부침과 함께 5년 주기로 상승과 급락을 거듭한 특성 때문이다.

정권마다 집권 초반기에는 각종 경제지표의 호전으로 경기가 상승세를 타다 집권 후반기에 들어서는 경기가 급락하는 상황이 80년대 이래 반복됐다.

노태우 정권이 시작된 88년 10.5%로 치솟았던 경제성장률은 정권 말기인 92년 5.4%로 떨어졌고, 김영삼 정권도 집권 후 8%를 넘는 고성장을 이루다 집권 말기인 97년 5%로 급락하며 외환위기를 맞았다.

김대중 정권도 초기에 외환위기 극복을 명제로 한 각종 개혁정책과 경기활성화 정책으로 99년 10.9% 성장률을 이뤘으나 임기 말인 2002년 성장률은 잘해야 4%대로 예상된다.

5공 전두환 정권도 정권 말기인 87년에 경기가 급락했으나 88년 올림픽을 계기로 집권 말 경제위기를 면했다는 분석이다. 이런 점을 고려할 때 2002년 월드컵이 있는 이번 정권도 5공화국처럼 '구명줄'을 찾을지 주목된다.

종합주가지수도 비슷한 모습을 보여 주가는 각 정권 초기인 88년, 93년, 98년에 상승하기 시작해 2~3년 상승세를 보이다 중반기을 지나서는 정점을 치고 하향세로 꺾이는 모습을 보였다. 올해 경기호전과 월드컵 특수 기대감으로 주가가 상승세로 출발하고 있지만 임기말 증후군과 어떻게 연결될지는 아직 미지수다.

경제전문가들은 이 같은 경제의 '정치적 순환주기'에 대한 이유로 정권말기 레임덕으로 인한 각 경제주체의 불안감 증대와 함께 정권차원의 경제정책 실패를 주요인으로 꼽고 있다.

국내 경기분석 권위자인 심상달 한국개발연구원 연구위원은 "각 정권은 거의 예외 없이 집권 초기에 각종 경기활성화 정책을 쏟아내다 집권 말기에는 이 부작용을 감내하지 못하는 모습을 보이곤 했다"고 지적했다.

심 위원은 "예를 들어 집권 초 경기부양책을 써서 부실기업 구조조정을 늦추고 부실채권 처리를 미뤄 망해야 할 기업이 살아남거나 채권처리가 안됐을 때 초기 호경기일 때는 괜찮지만 집권 말기엔 양산된 부실과 선거논리가 겹쳐 속수무책이 되기 십상"이라고 설명했다.

핵심정책을 책임지고 집행할 관료사회가 정치환경에 너무 예민한 것도 큰 문제다. 한 민간연구소 전문가는 "각 정권이 집권 초기엔 학계, 연구계 등 개혁적 인사들을 중용하다 정권 말기엔 결국 불가피하게 '관리형' 관료들을 중용하게 된다"며 "문제는 우리나라 관료가 뚜렷한 철학과 소신에 입각한 정책집단이라기보다는 일종의 행정기술자집단으로 정권 말기에 줄서기와 복지부동의 눈치행정으로 빠져들기 쉽다"고 지적했다.

모 전 경제부총리는 경제운용과 권력구조간 상관성을 문제로 제기한다. 그는 "대통령 4년 중임제인 미국에서는 집권 초기 각종 경제정책 목표가 해당연도보다는 집권 말기에 유리하도록 짜여 있다"며 "재집권을 위해 정권 말기 경제운영에 오히려 초점을 두게 되는 미국식 중임제의 장점을 우리도 고려해 볼 필요가 있다"고 말했다.

한국에서는 대통령이 취임한 첫해에 경기가 반짝하다 말기에 추락하는 것은 '제왕적 단임대통령'이라는 특성을 반영하는 측면이 작지 않다는 것이다. 어쨌든 한국의 경기사이클이 경제 그 자체가 아니라 정권과 임기라는 정치적 요소에 좌우되는 것 자체가 한국의 후진성을 보여주는 단면이라는 데는 이견이 없는 모습이다.

역대 정권별 경제성장 주기

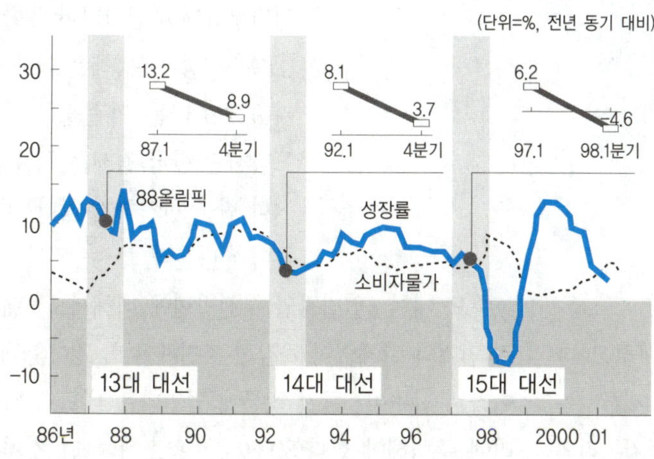

97년 증후군 재발이 걱정이다

우리나라 여론 주도층 중 74%가 2002년 경제가 호전될 것으로 예상하고 있지만 절반가량은 97년 경제위기와 흡사한 경제난조가 되풀이될 가능성을 염려하고 있는 것으로 나타났다.

매일경제가 각계 리더와 전문가 200명을 상대로 실시한 특별 서베이에서 김영삼 전 대통령 임기 마지막 해였던 97년처럼 김대중 대통령 임기 마지막 해인 2002년에도 경제적인 어려움이 반복될 가능성을 묻는 질문에 '그럴 가능성이 매우 높다(11.5%)', '그럴 가능성이 있는 편이다(38%)' 등 응답자 중 49.5%가 위기 재연 가능성을 걱정하고 있는 것으로 집계됐다.

1000억달러가 넘는 외환보유액에도 불구하고 다시 생각하기에도 끔찍한 97년 경제위기가 재론되는 가장 큰 이유는 임기말 '레임덕 현상'과 '정치논리의 득세' 다.

응답자들은 레임덕 현상과 행정공백이 이번 선거철에도 '매우 심할 것(19.5%)', '다소 심할 것

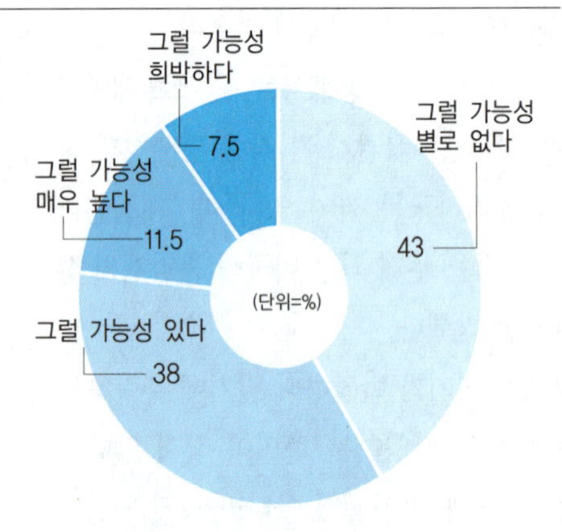

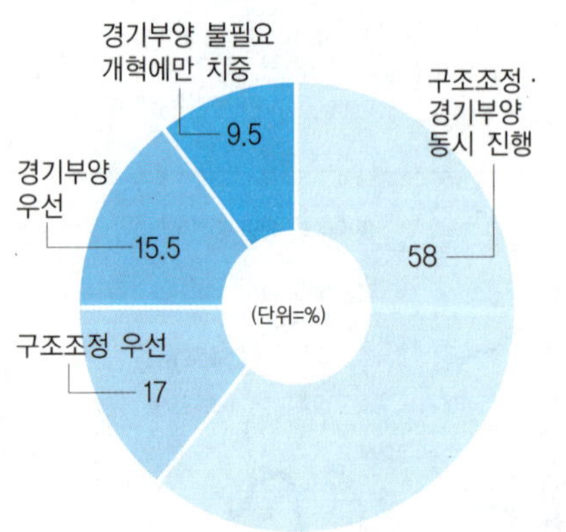

(57.5%)' 이라고 응답해 이를 합치면 10명에 8명꼴로 공백을 경계했다. 또한 '정치논리의 경제지배(44.5%)', '선심성 정책 경쟁(24%)' 등 남미형 포퓰리즘(인기영합주의)이 경제를 망칠 주요인으로 꼽혔다.

올해 경제운용 방향에 대해서는 '구조개혁과 경기부양이 동시에 이뤄져야 한다(58%)' 는 주장이 '본격적 경기부양책이 우선시되어야 한다(15.5%)' 는 견해를 압도했다. '구조개혁이 경기부양에 우선시되어야 한다(17%)', '경기부양책은 아예 불가(9.5%)' 라는 의견을 여기에 포함하면 한국 경제는 표를 의식할 만큼 한가하지 않다는 결론마저 나온다.

주요 개혁·입법작업 추진방법에 대해서도 '대통령 임기와 관계없이 과감히 추진해야 할 것(46.5%)' 이라는 답변이 '차기 정부에 넘긴다는 태도로 마무리에 주력해야 한다(30.5%)', '평소에 하던 것처럼 해야 한다(22.5%)' 는 답변을 훨씬 능가했다. 요컨대 경제에는 임기가 없으며 정치에서 해방돼야 함을 한국 여론주도층은 거듭 강조하고 있는 것이다.

블레임 게임 중단하자

　레임덕(lame duck)이 초래하는 결과가 얼마나 끔찍한 것인지 우리는 최근 아르헨티나 사태에서 새삼 목격하고 있다.

　아르헨티나는 불과 15년 전인 88년까지는 한국보다 잘 살았다. 그러나 경제를 해보자는 개혁파와 하향평준화식 복지국가에 대한 꿈과 향수를 갈망하는 페론주의파 사이의 갭을 메우지 못하고 오늘날 아르헨티나는 대책없이 추락하고 있다. 이 나라는 83년 알폰신이 집권한 이래 사실상 행정은 '공백'이었다.

　최근에는 무정부 폭력사태로 얼룩지자 대통령을 서로 하지 않겠다고 해 대통령 자리가 장사안되는 부동산 중개업소 주인보다 더 자주 바뀌는 상황이다.

　80년 이 나라 1인당 소득은 4206달러. 그러던 것이 곧바로 3000달러대로 추락했다. 2001년 9·11 테러사태로 갑자기 뜬 '문명의 충돌'에서 저자 새뮤얼 헌팅턴은 책 초반에 묘하게도 한국과 아프리카 가나를 대비하고 있다.

　60년에 한국과 가나는 1인당 소득이 같았으나 현재는 30년 후에 보니 가나는 한국에 비해 15분의 1에 불과하더라는 것이다. 그는 그 이유를 예의 '문화론'으로 해석했다. 그러면서도 헌팅턴은 패트릭 모이니헌의 유명한 말, 즉 "정치는 문화를 바꿀 수 있으며 결국 정치자정론으로 귀결된다"는 말을 인용하고 있다.

　결국은 국가경영, 한발 들어가면 정치가 문제인 셈이다.

　한국은 2002년 또 한 번 기로에 서 있다. 경제환경은 엔화 가치 추락으로 수출이 크게 위협받는 상황이다. 20만명을 넘는 청년실업자에게 일자리를 만들어 줘야 하는 절박한 상황이다. 그러나 행정부는 집권 마지막 해에는 거의 일손을 놓다시피하는 나쁜 관습이 최근 2~3집권기에 생겨났다. 그냥 놀고먹는 허송세월이다. 연간 예산 110조원(지방재정까지 합치면 170조원 가량)을 펑펑 쓰면서 놀기만 한다니 말이나 되는가.

　국정이 허송세월하지 않으려면 몇 가지 조건이 필요하다.

■ 블레임 게임 (blame game) 중단하라

2001년 9·11 테러가 발생한 직후 워싱턴 정가를 방문했던 한 전직 장관은 이런 말을 했다.

"엄청난 테러가 발생한 뒤 미국이 사태처리를 하는 것을 보고 만약 한국이면 어땠을까를 생각해 봤다. 확연한 세 가지 차이점이 있었다. 하나는 이게 누구 잘못이냐는 비난게임부터 시작했을 것이다. 둘째는 섣불리 예단하지 않더라는 것이다. 심지어 한국 언론조차 오사마 빈 라덴을 지목했지만 적어도 미국 관리 입에서 라덴을 지목한 것은 확증을 완전히 잡은 후라는 점이었다. 셋째로 언론이 선동적인 태도를 취하지 않는다는 점이었다."

우리는 2001년에 실체도 없는 블레임 게임으로 국력을 많이 소모했다. 모두 정치적 헤게모니를 잡기 위한 잔머리 굴리기에서 나온 졸작이었다. 2002년 지방선거와 대통령선거라는 양대 선거를 앞두고 또 얼마나 많은 음해 폭로 선동전이 판을 칠 것인지 염려하는 사람이 많다. 그런 정력이 남아 있다면 국운 융성을 위해 써야 한다.

■ 정부시스템을 돌려라

대통령 임기말 레임덕 현상은 인정할 수밖에 없다. 클린턴 전 미국 대통령도 임기를 한 달여 앞두고 평양을 방문하려고 노력했지만 결국 이루지 못하고 퇴임했다. 임기가 다돼 그만큼 힘이 빠졌기 때문이다. 정도의 차이가 있을 뿐이지 대통령 임기말 레이덕 현

상은 어느 나라건 존재한다.

그러나 레임덕 현상으로 인해 정부시스템이 멈춰서는 일은 없어야 한다. 세계는 바야흐로 '광속'으로 움직이고 있다. 여기서 1년을 허송하면 그 결과는 돌이킬 수 없을지도 모른다.

박영철 고려대 교수는 정책 공백기가 2년에 달할 것이라고 걱정한다. 정권 말기 권력누수 현상이 심화돼 한 해 동안 경제정책은 표류할 것이고 2003년에 새 정부가 들어서서 정책을 수립해 실행에 옮기려면 6~7개월은 걸릴 테니 근 2년에 걸친 공백기가 생길 수 있다는 진단이다.

박 교수는 "신경제라는 급류 속에서 경제정책이 2년이나 중심을 잃는다면 그 결과 경제가 입을 타격과 피해는 예상하기조차 어려울 것"이라고 염려했다.

2002년 행정공백을 염려하는 데는 우리 사회 대부분 지도층 인사도 공감하고 있다.

■ 복지부동 해소책 세워라

국회의원 보궐선거 외에는 선거가 없었던 2001년에도 공무원의 '복지부동'과 '눈치보기식' 태도로 인한 행정 공백이 끊이지 않았다. 대표적인 눈치보기 행정사례는 해마다 반복되는 추곡수매가 결정과정이다.

2001년 11월 중순 양곡유통위원회가 사상 처음으로 추곡수매가를 3~4% 인하할 것을 결정했지만 농민표를 의식한 정부와 정치권은 추곡가를 내리지 못하고 동결했다. 2000년에도 양곡유통위원회는

0~2% 인상안을 건의했으나 정부와 국회를 거치면서 결국에는 4% 인상됐다.

정부가 공기업 구조조정 일환으로 추진하고 있는 주택공사와 토지개발공사 통폐합도 두 기관 노조와 정치권의 반대로 무산위기에 몰려 있다. 주무부처인 건교부의 추진의지도 의심스럽다. 전형적인 눈치보기 행정의 표본이 아닐 수 없다.

이정희 한국외대 교수는 이 같은 공무원의 선거철 눈치보기 행정에 대해 "행정관료의 정치적 중립성이 보장되지 않기 때문에 정권 향방에 따라 줄서기가 반복되고 공무원이 소신있게 정책을 추진하지 못하고 흔들리는 것"이라고 진단했다.

2001년에 세상을 떠들썩하게 했던 '항공안전 2등급 판정사건'은 대표적인 공무원 복지부동 사례로 꼽힌다. 이 문제로 당시 건교부 수장이던 오장섭 장관이 물러나고 항공국장 2명도 정직과 감봉 등 징계를 받았지만 그 후유증은 몇 개월 동안 지속됐다.

예종석 한양대 교수는 "이 정권에 빌붙기 위해 눈치를 보다 정권이 바뀔 것 같으니까 정보를 야당 쪽에 흘리는 등 공무원 사회에는 벌써부터 해바라기처럼 기웃거리는 현상이 나타나고 있다"며 "본격적인 선거철이 되면 이 같은 현상은 훨씬 심각해질 것"이라고 걱정했다.

■ 필요한 개혁은 받아들이자

임기말이라고 해서 정부의 개혁이 '올 스톱' 하는 것을 국민은 원치 않는다.

매일경제가 여론주도층 인사들을 대상으로 한 정치의식 조사에서 '임기말이라고 하더라도 필요한 개혁은 과감히 추진해야 한다(46.5%)'는 의견이 '차기 정부에 넘겨야 한다(30.5%)'는 의견보다 훨씬 많았다. 특히 정치분야 개혁이 가장 시급하고 금융, 노동, 재벌(대기업정책), 행정, 교육 분야 개혁도 계속 추진해야 한다고 지적했다.

전문가들도 "대통령이 정파와 퇴임 후 인기를 초월해 국정을 다잡아 필요한 개혁은 과감히 해나가야 할 것"이라고 조언했다.

남종현 고려대 정책대학원장은 "양대 선거로 인해 구조조정이 지연되거나 아예 중단될 위기에 처해 있다"며 "대통령은 퇴임 후 인기를 생각하지 말고 장기적인 안목에서 밀어붙여야 한다"고 말했다.

박재창 숙명여대 교수는 "임기말이 되면 정치가 결딴나고 정치적 통제가 어렵다"며 레임덕 현상을 인정하면서도 "새 정권 들어서서 다시 나라가 휘둘리지 않도록 김대중 정권은 마지막 1년을 정신차리고 제대로 개혁해야 한다"고 주문했다.

박 교수는 그러나 정치개혁을 국회의원에게 맡기는 것은 "고양이 목에 방울을 다는 발상"이라며 반대했다. 개혁대상인 정치인끼리 개혁을 하겠다는 것은 축구경기 규칙이 잘못됐으니 바꾸자고 하자 선수들한테 바꾸라는 말과 같다는 것이다.

복지부동하면 2등, 일 벌이면 3등

정권 말기에 정책압력을 가장 많이 느끼는 곳은

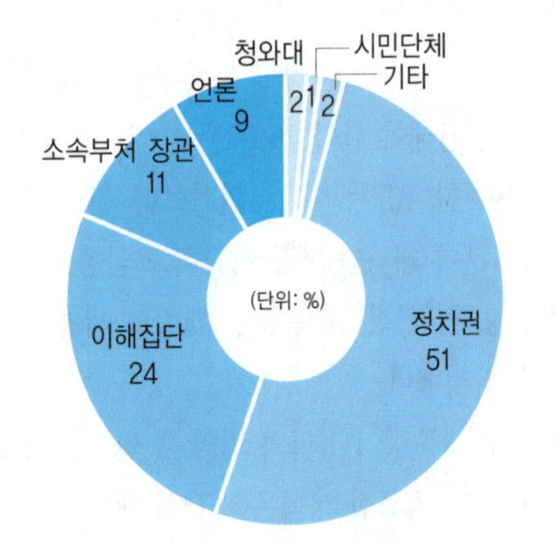

양대 선거가 정책에 미치는 영향은

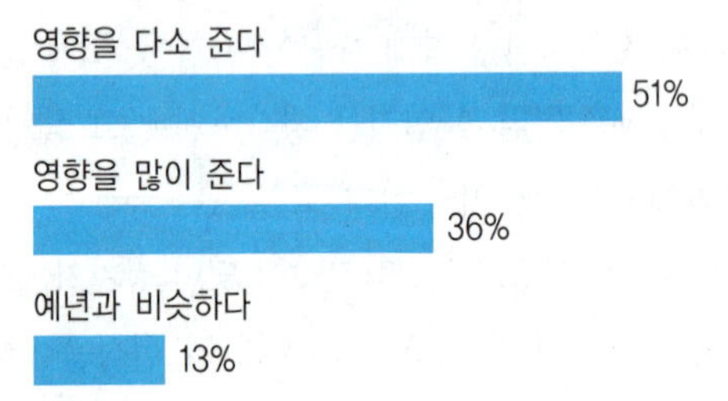

대통령 임기 말년에는 '가만히 있으면 2등은 하는데 괜히 나섰다간 3등 하기 십상' 이란 게 공직사회의 자조 섞인 유행어다. 이런 풍토 때문에 '복지부동' 현상이 보편화하고 곧 행정공백으로 이어져 레임덕을 가속시키며 국가시스템이 제대로 돌지 않아 마지막 해에는 허송세월하게 된다는 것이다.

이것은 어디까지나 가설이었다. 그런데 놀랍게도 항간에 나도는 이 같은 가설이 확고한 사실로 재확인됐다. 매일경제가 2001년 말 정부 중앙부처 과장과 사무관 100명을 대상으로 한 설문조사 결과 공직자들은 벌써부터 정치 때문에 심한 스트레스를 받는다는 사실이 도출된 것이다.

특히 정책담당 공무원들은 청와대(2%)나 해당 부처 장관(11%)보다 정치권 압력(51%)을 더 느끼고 있는 것으로 나타났다. 정치권 다음으로는 노조, 사업자단체 등 이해집단(24%)의 압력을 많이 느낀다고 답했다.

응답 공무원 10명 중 3명은 정치인한데서 정책과 관련된 부당한 압력이나 청탁을 받아본 경험이 있는 것으로 나타났다. 또 응답자 중 42%는 '정권 말기엔 공직자가 가만히 있으면 2등은 하는데 업무를 적극적으로 처리하면 3등 하기

십상' 이라는 말에 공감한다고 답했다. 많은 공무원이 이 같은 말에 공감하는 것으로 보면 절반 이상이 정권말기 '몸 사리기' 에 급급한 것으로 볼 수 있다.

'선거철에 정치권 주문으로 국가 장래에 도움이 안되는 정책개발 빈도' 를 묻는 질문에 '거의 없다' 는 응답은 7%에 불과한 반면 '매우 많다' 와 '꽤 많다' 는 응답은 각각 13%와 36%나 됐다. '별로 많지 않다' 는 응답 42%까지 합치면 전체 응답자 중 91%가 정치권 압력에 따라 최소한 한 건 이상 쓸데없는 정책을 만든 경험이 있음을 고백한 셈이 된다. 그에 따른 예산과 행정력 낭비를 생각하면 경악을 금치못할 일이다.

대통령 선거와 같은 큰 선거철이 되면 흔히 공직자들은 정치에서 자유롭지 못하고 '외압' 을 많이 느낀다는 사실은 안타깝다. 그들을 놔주고 소신껏 뛰도록 돕는 잭 웰치(Jack Welch)식 해법을 찾을 때다.

■ 선거와 정책

'양대 선거가 정책개발과 집행에 어느 정도 영향을 준다고 보느냐' 는 물음에 '많은 영향을 줄 것' 36%, '다소 영향을 준다' 51%에 달했다. 결국 공무원 10명 중 8~9명은 양대 선거가 정책에 영향을 미치는 소위 '정치논리의 정책지배' 를 염려했다. 특히 기획예산처, 건설교통부, 통일부 소속 공무원들은 응답자 전원이 선거가 정책에 영향을 준다고 답했다.

■ 정치권 압력

'어느 분야에 압력을 가장 많이 느끼는가' 라는 문항에 정치권을 지목한 응답자가 51%로 절반 이상을 차지했다. 정치권 다음으로는 이해집단(노조, 경제단체 등 이익단체) 24%, 소속 부처 장관 11%, 언론 9%, 시민단체 1% 순을 보였다.

■ 정치권 청탁빈도

정치인한테서 부당한 압력이나 청탁을 받아본 경험이 있다고 답한 공무원은 28%나 됐다. 이번 설문조사 대상이 선참 사무관과 과장급 공무원이 대부분인 점을 감안하면 국장 이상 고위 공직자들이 정치권에서 청탁을 받은 사례는 이보다 훨씬 많을 것으로 추정된다.

'정치권의 공무원에 대한 부당한 청탁' 이 보통 사람들이 생각하는 것보다 훨씬 많다는 점이 이번 설문조사에서 입증된 것이다. 심지어 정치권 압력으로 불필요하거나 국가에 도움이 되지 않는 정책을 개발하는 사례가 있다고 응답한 공무원이 39%나 됐다.

■ 복지부동에 대한 의식

'정권말기에 공직자가 가만히 있으면 2등은 하는

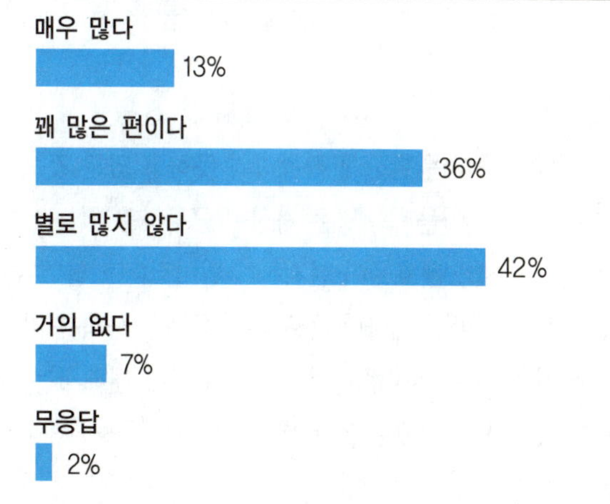

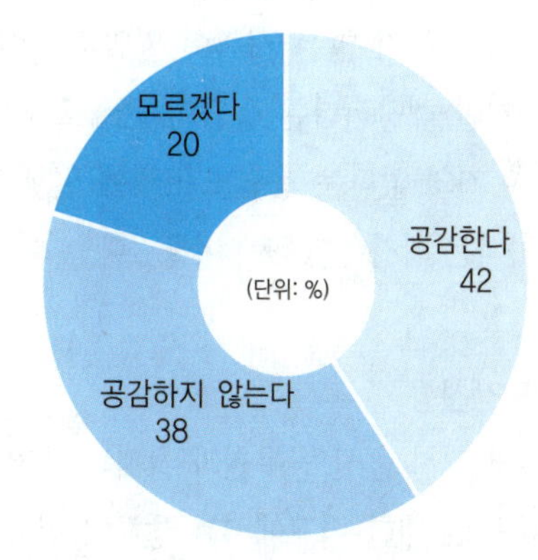

데 적극적으로 업무를 하면 3등 하기 십상' 이라는 말에 대해 42%가 공감한다고 응답했고 38%는 공감하지 않는다고 응답했다.

이 말에 공감하는 공무원이 40%를 넘는다는 것은 정권말기에 복지부동으로 인한 행정공백 가능성이 그 만큼 큰 것으로 해석되는 대목이다.

■ 부처 작동 안된다

또 응답자 중 42%는 자기 부처시스템이 정권 초·

중반 때보다 원활하게 작동하지 못하고 있는 것으로 평가했다. 이들 중 4명은 자신이 근무하고 있는 부처의 행정시스템 효율이 현저하게 떨어졌다고 답했다.

정권이 바뀔 때마다 동요하는 공무원 사회를 바로잡기 위한 직업공무원제도 강화문제에 대해서는 응답자 중 88%가 공감을 표했다.

■ 정치권 줄대기

그러나 정권말기 공무원들의 '정치권 줄대기'에 대해서는 동의하지 않는 사람이 많았다. 일부 고위 공직자에게만 해당된다는 응답이 72%로 가장 많았고 실제론 거의 없다는 응답도 19%에 달했다. 줄대기가 심하다는 의견은 16%에 머물렀다.

■ 공무원 생산성

중앙부처 고시 출신 공무원과 굴지의 대기업 사원 간 업무효율에 대한 비교에서는 생각이 엇갈리고 있다. 고시 출신 공무원 업무효율이 앞선다는 의견은 31%. 반면 근속 초기에는 앞서지만 연수가 늘어날수록 불리해진다는 의견도 27%나 됐고 비슷한 수준이라는 응답이 42%로 가장 많았다. 이 같은 결과는 '고시 출신=사회 엘리트'라는 인식이 공무원사회 내부에서도 서서히 약해지고 있는 현상으로 분석된다.

■ 신분불안 감지 정도

2002년 대선에서 어느 당 후보가 당선되느냐에 따라 자기 위치나 신상이 달라질 수 있느냐는 질문에는 전혀 그렇지 않다는 답변이 31%로 그렇다(3%), 그런 편이다(22%)는 응답보다 다소 많았다.

■ 정치인 장관

당적을 보유한 정치인 장관에 대해서도 시각이 엇갈렸다. 바람직하지 못하다는 부정적인 의견(49%)과 심한 정도가 아니라면 괜찮다(46%)는 의견이 엇비슷한 분포를 보였다.

또 대통령에 당선되면 자기 사람을 고위 공직에 임명하는 엽관제(Spoil system)에 대해서는 거의 대부분 공직자가 거부감을 나타냈다. 받아들여야 한다는 응답은 4%에 불과하고 받아들이더라도 수와 범위를 엄격히 제한(65%)하거나, 엽관제를 능력제(Merit system)로 바꿔야 한다(30%) 등 부정적인 견해가 압도적으로 많았다.

■ 국감자료 부담

국정감사 자료요구 등 국회가 행정부처에 요구하는 것이 많아 공무원 업무에 지장을 준다는 데 대해서는 응답자 중 88%가 공감해 대부분 공직자가 국회의 과다한 자료요구를 부정적으로 생각하고 있는 것으로 나타났다.

정치가 기업경영에서 배워라

2001년 10월 5일 GE 새 회장 제프 이멜트가 한국을 방문해 청와대에서 김대중 대통령과 만났다.

김 대통령이 물었다. "경제가 어려워져 큰일입니다. 내년 미국 경제 전망은 어떻습니까."

이멜트는 이렇게 답했다. "한국은 그래도 세계 2위 성장률을 기록할 겁니다. 중국 다음으로 말입니다. 그러니 한국은 너무 의기소침할 필요가 없습니다. 새해에는 미국 경제도 하반기부터 회복될 것입니다." 이멜트 회장 말에 김 대통령 표정이 밝아졌다.

잭 웰치 후임이자 45세에 불과한 이멜트는 당시 동북아를 순방하고 있었다. 일본에선 고이즈미 총리를 만나고 한국에 들른 다음 중국에선 장쩌민 총서기와 만났다. 이쯤 되면 GE그룹 CEO는 국가원수급을 방불케 한다. 사실 전세계 40여 나라에 엘리트 인재 27만5000여 명을 거느리고 최첨단 정보와 기술을 최적 활용하는 다국적기업 GE는 웬만한 국가시스템을 능가한다.

2000년 GE 매출액은 1300억달러로 북한 전체 소득 168억달러에 비해 8배나 많다. 외형도 외형이지만 그 성능은 평범한 국가 여러 개를 합친 것보다 사실상 우월하다는 평가까지 받는다.

레스터 서로 MIT 교수는 "글로벌 지식경제에서 강자는 기업이고 약자는 국가"라고 말했다. 기업은 마음에 드는 국가를 '선택' 할 수 있지만 국가는 그렇게 할 권리가 없어졌다는 뜻이다.

선임 GE 회장이었다가 이제 전설적인 인물이 된 잭 웰치의 고별사는 이랬다.

"내가 그 동안 단행했던 혁신은 아무 것도 아니다. 완전히 새로운 게임, 여러분이 한 번도 본 적이 없는 빠른 속도로, 한 번도 경험해보지 못한 변화가 시작될 것이다. GE 조직을 뒤흔들어 전복시키고 마침내 지붕을 날려버려라."

이런 공포스러운 경쟁력 앞에 세계 지도자들이 GE와 그 리더십을 앞다퉈 배우려는 것은 이상한 게 아니다. 한국에 GE 같은 기업, 웰치 같은 리더십이 없는 것은 유감이다. 그러나 삼성전자, 포항제철, 현대자동차, SK텔레콤 등은 글로벌 스탠더드에 근접하고 있다.

"세계 초일류는 아니지만 일류 그룹으로 분류되기에는 그다지 손색이 없다"고 휴고 소넨샤인 시카고대 명예총장은 지적한다.

90년대 중반 김영삼 정부시절 한 재계 총수가 "기업은 이류, 정부는 삼류, 정치는 사류"라고 말했다가 어떤 '대접'을 받았는지 기업인들은 지금도 잘 기억하고 있다. 하수가 상수를 가르치며 처벌하는 기이한 행태는 지금도 별로 바뀌지 않은 모습이다.

외국 다국적기업 총수에게는 깍듯한 예우를 보이면서도 한국 기업을 이끄는 이들에게는 '사농공상'이라는 구태로 돌아가는 것이 한국의 현주소다. 경제가 잘못 돌아가면 주범으로 기업을 지목해 몰매를 가하는 것이 한국이며 세금으로 처리해야 할 일을 준조세 형태로 기업에 전가하고 불법 정치자금까지 요구하는 곳이 한국이다.

2001년 삼성전자 매출은 260억달러를 넘는다. 삼성전자 외형은 북한 전체 '매출'을 가볍게 넘는다. 반도체 경쟁력은 세계 최고로 손꼽힌다. 삼성전자 주가는 그러나 대만 하류업체보다 사실상 낮은 수준이다.

정치논리가 경제를 지배하는 한국, 불투명한 관치경제와 낙후된 제도가 여전한 한국이 삼성전자 실질 가치를 깎아내리고 있다는 것이다. 정치인들은 기업을 개혁해야 한다고 말하지만 정작 먼저 개혁해야 할 곳은 정치라고 지적하는 전문가가 많다.

좌승희 한국경제연구원 원장은 "정치를 시장(市場)이라는 관점에서 본다면 공급자는 정치인이고 소비자는 국민으로 분류할 수 있다"며 "법률과 정책이 정치의 상품이라고 했을 때 그 품질이 일반 기업 상품과 비교할 때 어떤지는 더 이상 말할 필요가 없을 것"이라고 꼬집었다.

박상용 연세대 교수(경영학)는 한 걸음 더 나아가 정치가 기업을 배울 때라고 강조한다. "보스정치의 폐해와 총수경영의 폐해 중 어느 것이 국가에 더 큰 악인가"라고 반문하는 박 교수는 "치열한 경쟁 속에 수익을 남겨 고용을 창출하고 주주에게 이익을 돌리는 기업을 정치는 설교 대상이 아니라 교훈 대상으로 삼아야 한다"고 지적했다.

보스턴컨설팅그룹이 펴낸 '전쟁과 경영'은 기업이 군대(국가)에서 가르침을 받았듯 21세기에는 국가가 기업에서 경영을 배워야 함을 웅변한다. 확고한 비전과 분명한 목표를 바탕으로 결단과 집행에 나서는 CEO형 리더십이 기존 정치 리더십의 '대안'으로 떠오르는 것도 정치가 기업을 배워야 할 까닭을 설명한다. 주주이자 고객인 국민과 기업을 '군림과 강요'가 아니라 '서비스정신'으로 모실 프로페셔널 정치를 이들은 주문하고 있는 것이다.

정치에 바라는 우리 기업인들의 '평균적' 기대수준은 그러나 그렇게까지 높지 않다.

선거를 빌미로 정치자금 부담을 주거나 정치논리로 경영환경을 어지럽히지 말아달라는 소극적 바람이 대부분이다. 기업을 좌절시키는 정치가 기업을 감동시키는 정치로 '업그레이드' 되려면 얼마나 더 기다려야 할까.

양만금 mkyang@mk.co.kr

닷컴 화두는 제휴결합 –
침체터널 벗어나 나래 펼 것

신생 기업을 이끄는 지도자로서 겪는 가장 큰 어려움은 참고할 만한 데이터나 모범으로 삼을 만한 선두기업이 부족하다는 점이다. 태동한 지 이제 10년도 채 되지 않은 인터넷 비즈니스도 예외는 아니다. 지난 한 해 천국과 지옥을 오간 닷컴기업 종사자들 고민도 여기에 있다. 과연 닷컴비즈니스는 영속할 수 있는지, 많은 수익을 가져다 줄지 등 여러 고민에 대한 답을 구하기 어렵다.

이 같은 질문에 답을 제시할 사람은 없을까. 닷컴 전망이나 발전 가능성을 이야기해줄 만한 원로로 올해 34살이 된 야후(www.yahoo.com) 창업자 제리 양을 꼽는 데 이견을 달 사람은 없다.

사실 지난해 닷컴비즈니스에 대한 부정적인 인식이 확산된 데는 세계 제1 닷컴기업인 야후가 실적 부진에 허덕이고 조직구조가 흔들린 것도 크게 작용했다. 야후는 지난해 매출이 2000년 11억달러에서 약 4억달러 줄어든 7억달러에 이를 것으로 추정했다. 한국을 비롯해 유럽 등 국외지사 CEO들이 잇따라 퇴진한 것도 야후 힘을 빼놓았다.

주가는 지난해 초 주당 50달러 선에서 지난해 9월 9달러 수준으로 곤두박질쳤다. 올해 초에는 20달러 선으로 회복하기도 했다. 벤처 특히 닷컴 경영자들은 회생 가능성을 이야기하며 여전히 야후와 제리 양을 바라보고 있다.

제리 양은 올해 인터넷비즈니스를 어떻게 바라보고 있을까.

지난해 닷컴거품이 사라지며 나타난 특징 중 하나는 선두업체로 매출이 몰리는 현상이었다. 정보통신 특징 중 하나인 쏠림현상인 것이다. 올해 닷컴산업과 관련한 특징적인 변화나 전망을 말한다면.

▶닷컴산업은 지난 1년6개월여 동안 혹독한 구조조정을 겪었다. 이를 통해 닷컴 비즈니스만으로는 돈을 벌지 못한다' 는 비관은 이제 사라졌다. 돈버는 닷컴이 속출하고 있다. 경쟁력 없는 닷컴은 퇴출된 반면 돈 버는 닷컴은 몸집을 키웠다. 닷컴이야말로 최적의 다국적 글로벌 기업이라는 것을 증명해 보인 것이다.

지난해에 이어 올해도 제휴와 결합이 활발할 것이다. 인터넷 산업은 이미 확고한 비즈니스 모델과 강력한 파트너들을 보유한 기업들이 주도하는 산업으로 바뀌고 있다.

선두업체들이 온·오프라인 기업과 제휴를 통해 후발업체들에 대한 진입장벽을 만드는 시점이라는 얘기다. 여전히 인터넷산업은 성장 초기단계에 있으므로 이런 제휴나 결합을 통해 시장지배력을 높이려는 기업이 늘어날 것이다.

2001년은 정보기술(IT)산업 침체가 두드러졌다. 반도체와 PC산업 부진은 세계경제를 불황으로 몰고갔다. 세계경제가 언제쯤 회복할 것으로 예상하는가.

▶사실 난 경제학자가 아니라 단지 기업을 하는 사람이라 시점을 예상하기는 어렵다.

특히 지금 시점이 세계경제 회복에 대해 자신있게 결론을 내릴 수 있는 때가 아니기 때문에 더욱 어렵다. 얼마 전 최고 권위를 자랑하는 경제지표 전문가 가운데 71%가 미국 경기침체가 아마 올해 1분기까지 이어질 것으로 전망했다. 많은 경제학자가 미국 경제는 올해 후반에 이르러서야 회복하지 않겠느냐는 의견을 조심스럽게 내놓고 있다. 전세계 많은 국가가 처한 경제상황이 서로 다르기 때문에 이 시점을 기준으로 어떤 나라들은 조금 일찍, 어떤 나라들은 조금 늦게 경기회복을 이룰 수 있지 않을까 생각한다. 물론 닷컴 비전은 시간적인 차이는 있겠지만 실현될 것이다. 닷컴 전망은 밝다는 것이다.

IT산업이 경제 회복 또는 지속적인 성장을 보장할 것으로 믿는가. 또 다른 거품을 만들어낼 가능성은 없는가. 세계경제를 이끌어갈 디딤돌 구실을 계속 수행할 것으로 보는가.

▶인터넷산업과 IT산업이 세계경제에서 중추적인 구실을 계속할 것으로 믿어 의심치 않는다. 지난 몇 년 동안 우리가 눈으로 확인했듯이 인터넷은 사람들 생활을 바꾸어 놓았다. 의사소통 방법 변화, 정보공유, 상거래 방법 다양화를 이끄는 데 큰 몫을 했다. 생활 혁명, 산업 혁명, 상거래 혁명을 이끌었던 것이다. 앞

으로도 그러리라는 것은 분명하다. 지난 몇 년 동안 인터넷산업이 초고속 성장한 모습만을 가지고 말하는 것이 아니다. 앞으로도 그렇다. 세계경제 인프라스트럭처가 끊임없이 개선되고 있으며 새로운 기술과 애플리케이션 등이 하루가 다르게 발전하고 있다. 인터넷산업은 소비자와 기업간 커뮤니케이션과 상거래 활성화를 더욱 증진시키며 끊임없이 세계경제 발전에 공헌할 것으로 확신한다.

닷컴 수익구조도 문제다. 과거 닷컴 주수익원은 인터넷 광고였다. 하지만 광고는 해당 국가 경기상황에 너무 민감하다는 약점이 있다. 앞으로 닷컴 수익구조가 어떻게 변할 것이라고 보는가.

▶야후는 온라인 광고와 마케팅 서비스가 변함없이 중요한 수익모델이다. 현재에도 전체 매출 중 약 76%가 광고를 통해 발생하고 있다. 나머지 24% 정도가 전자상거래와 유료콘텐츠, 기타서비스를 통해 발생한다. 인터넷광고는 기업을 대상으로 하는 비즈니스기 때문에 경기에 민감하다는 약점이 있다는 것은 적절한 지적이다. 이런 이유로 야후는 전세계 23개국에 퍼져 있는 국외지사를 통한 글로벌 비즈니스를 다변화할 계획이다.

또 광고 외에 비즈니스 모델을 통해 광고와 비광고 매출 비중을 50대50으로 맞추는 것을 목표로 하고 있다. 그러나 중요한 수익모델이었던 온라인 광고 적용범주를 넓혀 지속적으로 성장시키는 노력도 끊임없이 계속할 것이다.

해외 CEO에게 듣는다 | 제리양 야후 창업자

올해 닷컴 경기회복 여부는 인터넷 광고시장 회복과 깊은 상관관계가 있다. 인터넷 광고시장을 어떻게 전망하는가.

▶지난해 전세계 경기가 좋지 않았지만 인터넷 광고시장은 약 80억달러 수준으로 성장한 것으로 추정한다. 대부분 전문가가 현재와 같은 경기상황에도 불구하고 인터넷 광고시장 규모가 2004년께는 약 170억달러로 성장할 것으로 예상하고 있다. 정확한 수치를 말하기는 힘들지만 올해는 지난해보다 경기가 많이 나아질 것으로 전망되므로 광고시장도 분명히 호전될 것으로 본다. 온라인 광고뿐 아니라 다른 인터넷 비즈니스 분야도 다시 성장을 시작되는 한 해가 될 것이다.

그 동안 꾸준히 성장하던 야후가 지난해 실적과 조직상에서 다소 어려움을 겪었다. 은퇴하고 싶다는 생각을 한 적은 없는가. 은퇴하면 가장 하고 싶은 일은 무엇인가. 어릴 적 꿈도 이야기해 달라.

▶나는 지금 치프 야후(Chief Yahoo)로 활동하고 있다.

나와 함께 야후를 창업한 데이비드 파일로는 기술개발에 몰두하고 나는 전략 개발을 주업무로 삼고 있다. 회사 전반적인 경영은 현재 테리 시멜 회장이 담당한다. 창업 후 지금까지 야후에서 내가 하는 일은 조금씩 바뀌었을지 모르나 내 모든 것을 야후가 성공하는 데 쏟고 있음은 변함이 없다. 어린 시절부터 지금까지 기술(Technology)을 즐겨왔고 이런 기술을 이용해 사람들 삶을 보다 가치있게 만드는 것이 꿈이

었다. 지금까지 야후를 위해 일한다는 것을 행운으로 생각하고 있다.

야후 콘텐츠 중 가장 마음에 드는 것과 가장 자주 이용하는 것은.

▶야후에서 일하는 사람으로서 하는 말이 아니라 정말로 야후가 제공하고 있는 모든 서비스를 즐겨 이용하고 좋아한다.

그 중에서도 특히 검색 메일 메신저 쇼핑 금융정보를 자주 이용하는 편이다. 이번 크리스마스 시즌에도 모든 선물을 야후쇼핑을 통해 해결했다. 일일이 백화점에 가서 선물을 고를 시간이 부족했기 때문이다. 동료인 데이비드 파일로는 물론이고 가족과 친구들에게 보내는 선물을 야후쇼핑에서 골라 보냈는데 다들 좋아했다.

최고경영자로서 경영철학은 무엇인가. 존경하는 인물은.

▶지금까지 성장하며 항상 마음 속으로 아인슈타인 박사를 존경했다. 특히 미지에 대한 것을 탐험하는 데 쏟으신 그분 열정을 높이 평가한다. 인터넷비즈니스란 새로운 산업영역에 뛰어들어 계속 새로운 것을 찾아가고 있다는 면에서 아인슈타인 박사를 추종하고 있는지 모르겠다.

제리양 회장은 누구

- 1968년생
- 미국 스탠퍼드대 전자공학과 졸업
- 스탠퍼드대 전자공학대학원 휴학중
- 1995년 야후 설립
- 현재 치프 야후(Chief Yahoo)로 활동중

3 한국증시 2배 키우기

한국증시 2배 키우기

한국 기업들이 반도체, 철강, 조선 등 제조업 분야에서 세계시장 선두자리를 놓고 치열한 각축을 벌이고 있다. 그러나 주식시장을 놓고 보면 사정은 달라진다.

삼성전자, 포항제철 등 한국 경제를 대표하는 기업들마저도 주요 국가 경쟁업체와 비교할 때 주가수익비율(PER)이 높은 사례를 거의 찾아보기 힘들다. 주가가 주당순이익에 비해 그 만큼 낮게 형성돼 있다는 뜻이다.

2001년 국내 주가상승률은 세계 주요 국가 가운데 단연 으뜸이었다. 이 때문에 증권거래소 시가총액은 2001년 70조원 가량 늘었다. 그럼에도 국내 주식시장이 가야 할 길은 여전히 멀기만 하다.

주요 상장기업 수익성이나 자산가치를 기준으로 비교해보면 국내 주가수준은 선진국 시장에 비해서는 40%에 불과할 정도로 '혹독하게' 저평가돼 있기 때문이다.

2001년 말 기준으로 일본 주가는 주당 순이익에 비해 28배 높은 수준이고 미국, 일본, 독일, 프랑스, 영국 등 5개국 평균 주가도 주당 순이익보다 24배 높다. 우리나라 주요 상장기업 주가는 주당순이익의 9배 수준에 그친다.

국내 상장기업의 글로벌경쟁력이 주식시장 경쟁력으로 연결되지 못하는 이유는 무엇일까.

세계적인 컨설팅회사인 맥킨지는 국내 주식시장의 저평가를 초래한 4대 요인으로 법률과 규제에서 비롯되는 국가투자위험도, 기업의 낮은 성장 기대수준, 과다한 자금조달비용, 주가 급등락을 지목했다. 정책당국, 시장관리자, 상장기업, 투자자 등 모두에게 책임이 있다는 이야기다.

종합주가지수는 세계 주요 국가 증시와 비슷한 수준으로 평가받을 때 1600선까지 올라갈 여지가 있는 것으로 분석됐다. 이 때 국내 증시에서 증가하는 주식가치는 무려 350조원대에 이른다.

한국과 주요국 주가 수준 비교

상장기업 주당순이익 대비

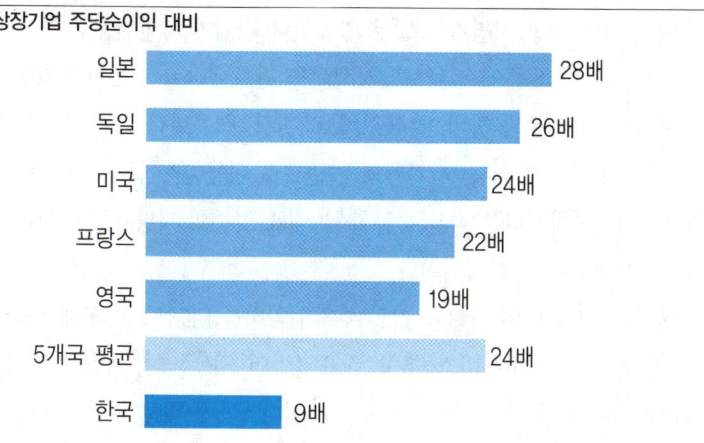

* 각국 시가총액의 80%를 차지하는 기업들의 2001년 예상실적과 2001년 7~12월
평균주가기준 (적자기업 제외)
자료: 맥킨지

　외환위기 후 쏟아부은 150조원대에 달하는 공적자금보다 2배나 되고 전국민이 1인당 740만원씩 4인 가구 기준으로 하면 3000만원의 새로운 소득을 얻는 셈이다.

　20세기 빗장이 열리던 100년 전 백두대간에 묻힌 금맥은 하나 둘 서구 열강 손에 넘어가 버렸다. 21세기 문이 활짝 열린 지금 주식시장은 저평가를 해소하지 못한 상태에서 외국인 투자자 손으로 빠르게 이전되고 있다. 정부 당국과 상장기업, 투자자는 이제라도 350조원의 잠재력을 지닌 한국 주식이 제값을 받도록 하기 위해 모든 힘을 쏟아야 할 때다.

한국 기업 평가 너무 낮다

SK텔레콤 18, NTT 52, AT&T 83.

국내 주식에 대한 저평가는 일부 업종이나 기업에 국한된 문제가 아니다. 우리나라 기업 중에서 글로벌경쟁력을 확보했다고 자부하는 대표기업이 속한 전자부품과 장비, 통신서비스, 철강, 석유화학 업종 주가도 턱없이 낮게 평가받고 있다. 시가총액 기준으로 이들 4개 업종이 증권거래소에서 70%를 차지하는 점을 감안할 때 대표 업종의 저평가는 당연히 한국 증시 전체 저평가로 이어진다.

이들 업종의 국내외 간판급 기업 주가수익비율(PER)을 비교해보면 확연히 드러난다. 통신서비스 분야 대표기업인 SK텔레콤 주가수익비율(2001년 6월 말 주가 기준)은 18배 수준이다. 이에 비해 영국 보다폰은 39배, 일본 NTT도코모는 52배, 미국 AT&T는 83배에 달한다. SK텔레콤 주당순이익(EPS=세후순이익/발행주식수)이 외국 동종 업체에 뒤지지 않는 점을 감안한다면 낮은 PER(주가/EPS)는 결국 낮은 주가 때문이다.

다른 국내 통신서비스 사업자 PER도 11~26배에 그친다. 맥킨지는 "한국 거래소 시가총액에서 28%를 차지하는 통신서비스 업종의 평균 PER는 20배지만 선진국 동종 업체 평균은 34배로 나타났다"고 밝혔다. 미국, 프랑스, 일본, 독일, 영국 등 선진 5개국 통신서비스 사업자 PER는 17~201배에 이른다.

국내 주식 중 유일한 나스닥형 종목으로 꼽히는 삼성전자 사정도 결코 낮지 않다. 삼성전자 PER는 10배로 일본 파이오니어, 산요, 소니 PER에 비해 10~30%에 머물고 있다. 파이어니어는 31배, 산요는 56배, 소니는 104배에 달하고 선진 5개국 동종 기업 PER는 18~105배 분포를 보이고 있다.

전자부품과 장비업종의 국내 평균 PER는 8배로 선진 5개국 평균인 25배에 비해 매우 낮은 수준이다.

국내 주식시장 시가총액에서 3위(11%)와 4위(10%)를 차지하는 에너지

국내외 주요 기업 PER 비교
산정기준연도: 2001년 6월 말 주가 · 실적

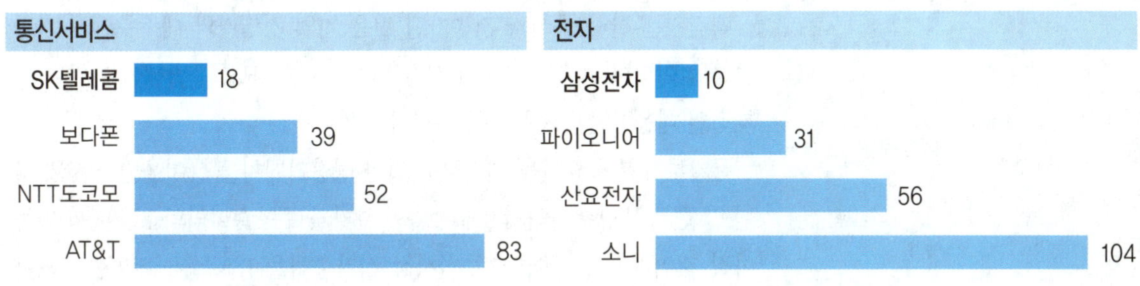

자료: 맥킨지

와 철강산업도 업종 평균 PER가 각각 9와 7배에 머무르고 있다.

이에 비해 선진 5개국 에너지와 철강업종 평균 PER는 각각 16배와 29배다. 국내 석유화학 업체 중에서 높은 PER 수준인 호남석유화학은 11배로 바스프 22배, 듀폰 35배, 다우케미컬 48배에 비해 저평가 현상이 뚜렷하다. 선진 5개국 석유화학업체 PER는 18~83배, 평균 28배다.

국제통화기금(IMF) 관리체제 후 체질이 강화된 은행과 보험업종은 평균 PER가 각 5배에 그쳐 구조조정 성과가 주가에 반영되지 못하고 있음을 알 수 있다.

선진 5개국 은행업종 PER는 평균 16배, 보험업종은 25배로 나타났다.

이 밖에 제약업, 소매업, 운송업은 주식시장에서 차지하는 비중이 1%에 지나지 않지만 동종 외국 기업에 비해 '터무니없이' 저평가돼 있다.

국내 운송업 평균 PER는 2배인 반면 선진 5개국 운송업종 PER는 24배에 달했다. 또 제약업종 PER는 국내가 7배, 선진 5개국은 29배로 나타났고 소매업종도 국내 평균 PER 6배, 선진 5개국 29배였다.

맥킨지는 "한국 주식 저평가는 거의 모든 업종에서 고르게 나타나는 현상"이라며 "일부 기업의 노력보다는 구조적인 문제점을 찾아 해결하려는 자세가 필요하다"고 지적했다.

주가수익비율
(PER, Price Earning Ratio)

현재 주가를 1주당 순이익으로 나눈 값이다.

지금 주가가 주당 순익의 몇 배로 거래되고 있는가를 알아보는 지표다.

주당 순익은 많은데 주가가 낮다면 PER도 낮아지고, 반대로 주당 순익은 적은데 주가가 높으면 PER도 높아진다.

따라서 PER가 낮을수록 주식이 저평가돼 있음을 의미한다.

주당 순익에 비해 현주가가 낮은 만큼 앞으로 주가가 오를 가능성이 높다는 표시다.

PER = 시가총액 / 연간 순이익총액

한국 주가 왜 제대접 못받나

"국가투자위험 요인을 제거하고 기업의 성장기대치를 선진국 수준으로 향상시키는 것만으로도 주가가 2배 가까이 상승할 수 있다."

맥킨지는 한국 증시가 저평가된 것은 기업 경영자와 대주주에게 가장 큰 책임이 있지만 정책당국과 시장관리자, 투자자 모두 변해야 한다며 단계적인 대응방안을 조목조목 제시하고 있다.

국가투자위험 요인을 제거하고 기업 성장기대치를 끌어올린다면 2001년 말 현재 주당순이익의 9배 수준인 주가가 주당순이익의 16.8배까지 높아질 것이라는 분석이다. 주식시장 시가총액을 185조원 늘리는 과제가 이 속에 담겨 있는 셈이다.

맥킨지는 상장기업들이 과다한 자금조달비용을 축소해도 현재 주당 순이익의 9배 수준인 주가가 11.8배로 높아질 것이라고 분석했다. 기업들이 부채비율을 선진국 수준으로 낮추고 자본이용 효율성을 높일 때 주식시장 시가총액이 65조원 늘어나는 효과가 발생한다는 설명이다.

국가투자위험 요인을 축소하고 상장기업의 성장기대 수준을 높이는 두 가지 과제는 주식시장에 미치는 영향을 서로 분리해 평가하기 곤란할 만큼 긴밀하게 연관돼 있는 것으로 해석됐다. 정부의 정책적 뒷받침과 기업의 경영개선 노력이 조화를 이뤄야 함을 강조한 대목이다.

정책당국에 대해서는 금융시스템의 안정과 예측 가능한 정책결정을, 상장기업에 대해서는 수익 중시 경영과 업종전문화를 우선적으로 주문하고 있다.

맥킨지는 국가투자위험도에 영향을 주는 변수로 개별 국가의 지리적 군사적 여건 외에 자본이동 자유화, 일시적인 외부충격을 흡수해낼 수 있는 금융시스템, 부도처리와 채무이행에 관한 법체계 정비, 정책이나 규제의 투명성과 예측 가능성, 정책방향의 우선순위를 이어갈 수 있는 안정된 정권교체 등을 꼽았다.

이 가운데 한국의 자본이동 자유화는 상대적으로 진전돼 있는 것으로 평가했다. 그러나 외부충격을 흡수할 수 있는 금융시스템이나 정책과 규제에 대한 예측 가능성, 부도처리와 채무이행을 위한 법체계 정비는 선진국에 비해 상대적으로 낙후돼 있다고 진단했다.

기업의 성장기대 수준에는 투자수익률, 설비투자와 연구개발을 위한 재투자비율, 업종전문화 등이 결정적인 영향을 미치는 변수들로 지목됐다. 자금조달비용보다 더 높은 수익률을 달성하는 기업은 자본시장에서 그 만큼 높은 성장기대수준을 부여받는다.

맥킨지는 이러한 전제 아래 "한국 기업이 자기자본수익률(ROE)을 10% 높일 때마다 성장기대수준도 2%씩 높아지는 것으로 분석됐다"며 수익 중시 경영을 권고했다.

맥킨지는 또 "한국 기업들은 여러 사업부문에 중복으로 진출해 있는 탓에 성장기대수준이 낮은 사업부문의 영향을 받아 전반적으로 저평가를 받고 있다"며 업종전문화를 권고했다.

국내 주식시장 저평가 요인과 해소효과

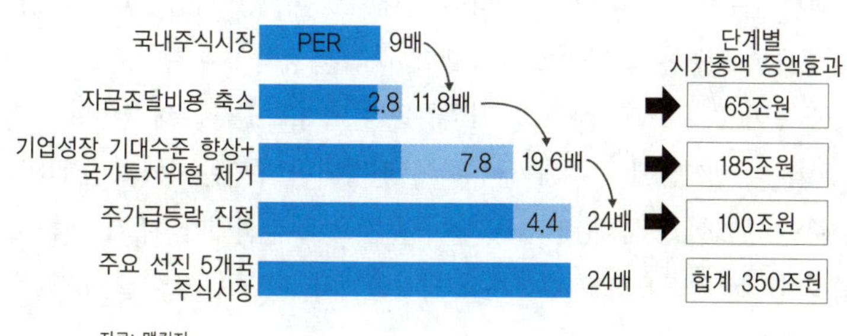

자료: 맥킨지

냄비증시 시가총액 100조 날려

개인용 컴퓨터업체인 삼보컴퓨터는 98년 말 한때 2000원대까지 주가가 떨어졌으나 2000년 중반 7만원대까지 수직상승했다. 하지만 2001년에는 다시 3000~6000원대로 추락했다. 기술주라는 점을 고려하더라도 불과 2년 사이에 주가가 20배까지 등락하는 '롤러코스터' 주가다..

국내 대표기업인 삼성전자 역시 한국 증시의 '냄비체질'에서 자유로울 수 없다. 97년 12월 3만8000원에서 98년 2월엔 10만2000원으로, 다시 98년 9월엔 3분의 1 수준인 3만8000원으로 돌아섰다. 2000년 6월 36만9000원과 2001년 9월 14만원은 또 다른 꼭지점과 바닥이었다.

블루칩으로 불리는 우량주까지도 1년에 10배씩 주가가 넘나들다 보니 주가가 올라 정점에 도달하더라도 더 오를 것이라는 막연한 기대감을 준다. 반대로 추락할 땐 '지하 1층 밑에 2층, 지하 5층까지 있을 수 있다'는 무시무시한 불안감에 투자자를 떨게 하는 게 한국 증시다.

2000년 국내 증시는 50% 이상 하락하며 세계 주요 증시 가운데 주가가 가장 많이 떨어졌다. 그러나 2001년에는 반대로 가장 높은 상승률을 기록해 국내외 투자자들을 놀라게 했다.

맥킨지는 이 같은 주가 급등락이 국내 주식시장을 저평가하게 하는 가장 중요한 요인 중 하나라고 지목했다. 주가 급등락이 투자에 따른 불확실성을 높이고 그 결과 상장기업 가치를 떨어뜨리고 있다는 해석이다.

국내 주식시장에서 주가 급등락이 진정되면 주당순이익의 9배(PER) 수준인 주가는 13.4배(PER)로 높아질 것으로 분석됐다. 주가 급등락을 진정시키는 것만으로도 주식시장 시가총액이 100조원 늘어날 수 있음을 뜻한다.

주가 급등락에 대해서는 시장 관리감독권 분산과 마찰, 정보의 불투명성, 허술한 시장운용체제 등이 다양하게 원인으로 지목됐다.

한국과 주요국 주가 수준 비교

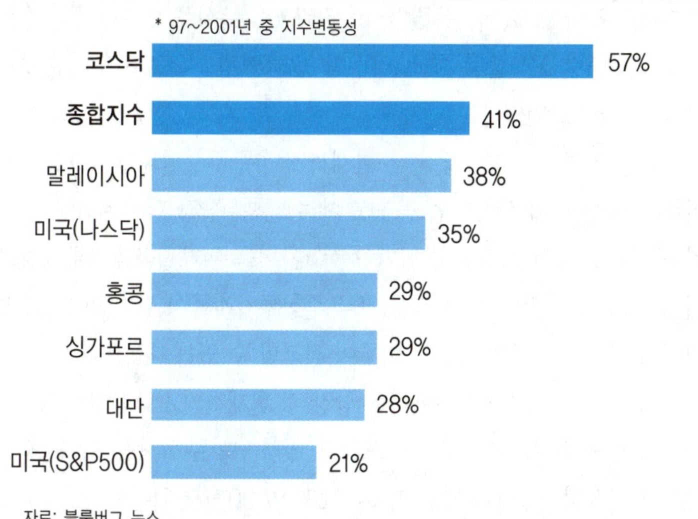

자료: 블룸버그 뉴스

재정경제부와 금융감독원 사이에 관리감독권 중복이나 마찰이 발생하고 이들 기관이 증시 자율규제기관인 증권업협회를 간섭함에 따라 효율적인 관리감독이 이뤄지지 못하고 있다는 지적이다.

기업 회계의 불투명성과 투자자간 정보불균등 현상도 투자정보에 대한 불신을 초래하고 그 결과 주가 급등락을 가져오는 것으로 해석됐다. 주식 실명거래가 정착하지 못한 가운데 주가조작에 대한 단속이나 처벌이 상대적으로 미약한 점도 주가 급등락을 부추기는 요인으로 풀이됐다.

이와 함께 맥킨지는 주주들에게 장기적으로 안정적인 수익을 되돌려주지 않는 기업 경영관행이 주가 급등락을 초래하는 주요 원인이라고 지목하고 있다. 장기투자로 안정적인 수익을 보상받지 못한 투자자들이 결국 주식투자를 포기하거나 단기투자에 매달리고 있다는 지적이다.

주주를 위한 경영 펼쳐라

미국 제너럴일렉트릭(GE) 주가는 91년 이래 매년 꾸준히 상승해 2001년까지 연평균 26% 뛰어올랐다. 그 결과 GE 주식을 보유한 주주들은 시세차익과 배당금을 합쳐 지난 10여 년 동안 연평균 28%에 달하는 총주주수익률(TRS)을 얻었다.

미국 주식시장에서는 상장 후 현재까지 총주주수익률을 100% 이상 안겨준 기업이 전체 상장기업 중 90%에 이른다. 상장 당시 주주가 지금까지 주식을 그대로 보유하고 있다고 할 때 이들 투자원금을 2배로 늘려준 기업이 그 만큼 많다는 뜻이다. 미국 주식투자자들이 장기적이고도 안정적인 투자를 선호하는 이유를 미루어 짐작할 수 있는 대목이다.

이에 비해 국내 주식시장에서는 상장 후 현재까지 100% 이상 총주주수익률을 안겨준 기업이 49%에 그치고 있다. 또 주식시장 시가총액에서 80%를 구성하는 114개 기업 가운데 26%인 30개 기업은 상장 후 지금까지 마이너스 총주주수익률을 기록하고 있다. 상장 후 주주들에게 줄곧 투자원금 손실을 안겨온 기업이 26%에 이른다는 뜻이다. 심지어 국내 주식시장에는 상장 후 현재까지 총주주수익률이 −50%를 밑도는 기업, 즉 주주들에게 절반 이상 원금손실을 초래한 기업도 12%(14개)에 이르고 있다.

국내 기업들이 그 동안 부채는 갚아야 할 돈으로 인식하면서도 주주들이 내놓은 돈(자본금)은 쌈짓돈으로 인식해왔음을 여실히 보여주는 단면이다.

맥킨지는 주식투자자들에게 상실감과 절망을 안겨주는 이 같은 주주보상 구조가 책임경영 풍토를 정착시키지 못한 기업경영 문화, 취약한 소액주주 권한, 부실한 기업퇴출 구조 때문에 발생하고 있다고 진단한다. 미국에서는 소액주주 권한행사가 법률로 강력하게 보장돼 있다. 따라서 기업들은 채권자 못지않게 주주 의견에도 귀를 기울인다. 이에 비해 한국에서는 소액주주 의견이 기업 경영활동에 거의 영향을 미치지 못하고 있다는 지적이다.

이와 관련해 맥킨지는 "한국 기업 이사회와 경영진이 지나치게 폐쇄적이어서 소액주주들과 이해를 공유하지 못하고 있다"며 "이사회가 주주들 이해나 관심사를 반영할 수 있도록 이사회 구성원의 대표성을 개선하는 방안을 모색해야 한다"고 권고하고 있다.

99년 8월 이래 미국에서는 포드의 잭 내서(Jacques Nasser), 제록스의 폴 알래어(Paul Allaire), 루슨트의 리처드 맥긴(Richard Mcginn)을 포함해 모두 2296명에 달하는 최고경영자가 주주 이익을 극대화하지 못했다는 이유로 해고되거나 사임했다.

국내에서도 주주 이익을 파괴하는 최고경영자나 기업에 대해서는 매서운 채찍질을 가할 수 있는 시장질서가 형성돼야 주주에 대한 보상이 본궤도를 찾고 그 결과 장기적이고도 안정적인 주식투자가 확산될 수 있을 것이란 지적이다.

한국과 미국 상장기업의 총주주수익률 분포

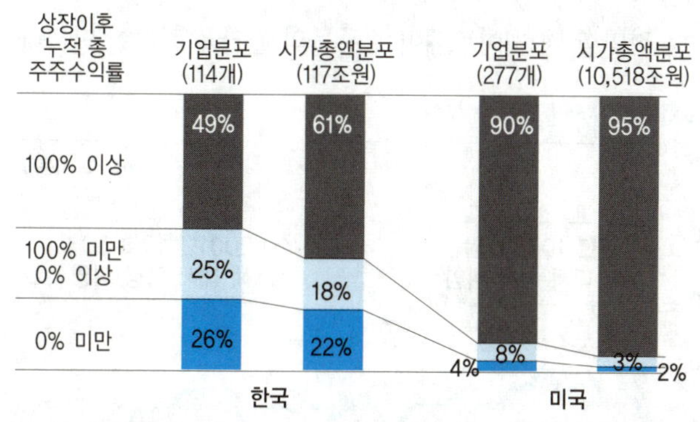

* 주식시장 시가총액 80%를 차지하는 기업의 상장 이후 누적 총주주수익률(TRS) 기준
　자료: 블룸버그, 맥킨지

총주주수익률(TRS)이란?

총주주수익률(TRS:Total Return to Shareholder)은 주주들이 주식을 보유해 얻게 된 전체 수익을 나타내는 지표다. 총주주수익률은 주가 시세차익과 배당금을 합쳐 산출한다.

예를 들어 98년 1월에 A주식을 5000원에 사들였다고 가정하자. 이 투자자는 매년 배당금을 받는다. 98년 말에 100원, 99년 말에 50원, 2000년 말에 100원씩 배당금을 받은 후 2001년 1월 7000원에 주식을 매각했다고 하자.

주가 시세차익은 2000원이고 3년 간 배당금은 250원이다. 5000원을 투자해 3년 동안 2250원의 수익을 올린 셈이므로 이 투자자의 3년 간 누적TRS는 45%가 된다.

이 때 연복리 개념을 감안해 산출한 연평균 TRS는 13.2%가 된다. 이는 매년 13.2%씩 이자를 받아 재투자한 것과 다름없는 수익률이라는 뜻이다

※누적TRS=[(주식매도가격−주식매입가격)+주당배당금 총액]/주식매입가격

美 '주가=CEO 살생부'

■ '포드, 제록스, 루슨트테크놀로지스, 게이트웨이, 노텔, 유나이티드항공, CSFB….'

이들 기업은 몇 가지 공통점이 있다. 각 분야에서 미국을 대표하는 거대 기업이지만 한때 경쟁업체에 밀리고 경영실적이 악화돼 최고경영자(CEO)가 회사를 떠나는 아픔을 겪었다. 주가가 떨어지고 낮은 주가로 인해 총주주수익률(TRS)이 감소하면서 주주들이 불만을 터뜨렸고 결국 CEO는 불명예 퇴진을 해야 했다.

미국 주주들은 경쟁업체보다 월등한 실적을 내는 CEO에게 1억달러가 넘는 연봉을 제공하지만 주가가 곤두박질치면 곧바로 퇴출대상에 올린다. 미국에서 이렇게 해고된 CEO는 99년 8월 이래 2290여 명에 달한다.

99년 12월 게이트웨이 CEO로 영입된 제프 웨이젠 사장은 취임 당시 27달러6센트 수준이었던 주가를 끌어올리지 못해 2001년 1월 쫓겨났다. 웨이젠 사장이 물러난 당시 주가는 취임 때보다 소폭 떨어진 23달러를 기록했지만 경쟁업체와 상대평가 결과가 해고사유로 작용했다. 경쟁업체인 IBM은 웨이젠 사장 재임기간에 게이트웨이보다 2배 이상 높은 주가를 유지한 점을 감안할 때 게이트웨이 주주들의 불만을 짐작할 만하다.

포드자동차와 GM의 TRS

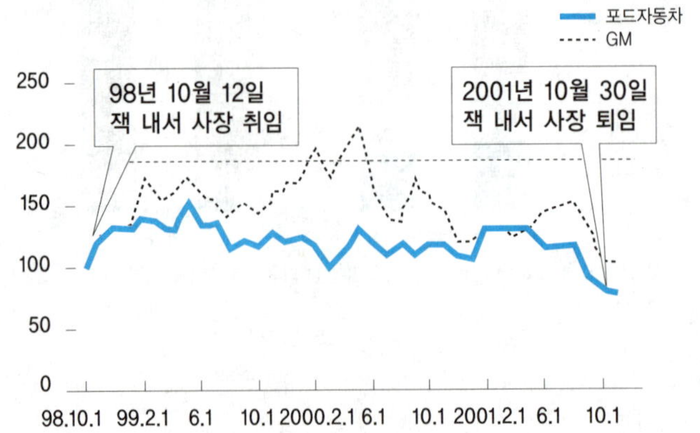

맥킨지는 "미국 CEO가 재임기간에 유지해야 할 주가와 TRS 절대치가 있는 것은 아니다"며 "다만 일정 기간 경쟁업체에 비해 형편없이 낮으면 해고원인이 된다"고 설명했다.

■ 제임스 굿윈 전 유나이티드항공(UA) 사장

제임스 굿윈 사장은 99년 7월부터 2001년 10월까지 유나이티드항공(UA) 최고경영자로 일했다. 그가 재임한 기간에 세계무역센터 테러사건이 발생했지만 테러가 발생하기 전에도 UA 주가는 경쟁업체에 비해 형편없이 낮게 평가받고 있었다. UA 주가는 굿윈 사장 재임기간에 63달러44센트에서 12달러72센트로 주저앉았다.

2001년 7월 애널리스트들은 "투자자들은 UA 주식을 외면한다. UA 주식은 저평가 상태를 유지할 것으로 예상되는 대표적인 값싼 주식"이라며 혹평했다. 또 UA의 가장 큰 문제점은 굿윈 사장 경영 때문이라고 쏘아붙였다. 물론 경쟁업체와 UA 주가를 비교해 보면 월가의 이런 평가를 이해할 수 있다.

98년 10월 1일 주가를 모두 100으로 환산했을 때 굿윈 사장 취임 당시 UA 주가는 102, 아메리칸항공(AA)은 132, 델타항공은 123, 사우스웨스트항공(SWA)은 167 수준이었다.

그러나 미국 항공산업 부진에다 9·11 테러까지 겹쳐 2001년 10월 UA 주가는 30, AA는 67, 델타는 54로 하락했고 SWA만 유일하게 173으로 높아졌다. 결국 경쟁업체에 비해 상대적으로 낮은 주가는 굿윈 사장이 낙제점을 받는 주요 원인이 됐다.

■ 잭 내서 전 포드 사장

2001년 10월까지 포드 사장으로 일한 잭 내서도 주가 하락으로 물러난 비운의 CEO다. 내서 사장은 포드 주가가 29달러81센트 수준이던 98년 10월 취임했다. 취임 후 한때 경쟁업체인 제너럴모터스(GM) 주가를 앞서기도 했고 99년 5월에는 취임 때보다 주가가 54%나 올랐다.

하지만 포드 주가는 이 때부터 내리막길을 걷기 시작하며 GM와 큰 격차를 보였다. 내서 사장이 인터넷 등장으로 인한 자동차 판매시장 변화를 예측하지 못한데다 글로벌 경영의 이점을 간과해 '글로벌 경영' 기회를 잡지 못했기 때문이다. 또 사내 임원 의견을 무시하고 독선적인 경영을 펼쳐 자기 경영능력 한계를 넘어서지 못했다. 급기야 퇴임 시점인 2001년 10월 포드 주가는 취임 시점보다 76% 수준까지 떨어졌다.

당시 GM은 내서 사장 취임 때 주가를 굳건히 지키고 있었다. 내서 사장은 같은 출발선에서 시작했지만 독선적인 경영방식과 시장변화를 선도하지 못해 경쟁업체에 밀리고 주주에게 만족감을 주지 못했다.

■ 美기업 주주이익 못지키면 퇴출

미국 증시에서 주주에게 이익을 안겨주지 못하는 기업에는 주식시장 퇴출 압력이 뒤따른다. 말 그대로 주주를 무시하는 기업이나 최고경영자를 시장이 철저히 응징하는 셈이다.

2000년 한 해 동안 미국 뉴욕증권거래소에서는 상장기업 중 10%인 286개 기업이 자취를 감췄다.

같은 기간에 증권거래소시장에서 상장기업 중 2.1%인 15개 기업만 퇴출된 것과 비교하면 미국시장에서 얼마나 기업 퇴출이 활발한지를 알 수 있다.

나스닥시장과 코스닥시장을 비교해도 기업퇴출비율 차이는 분명하게 드러난다. 나스닥시장에서는 2000년에 상장기업 중 14.8%인 700개 기업이 퇴출됐고 2001년에도 11월까지 17.1%인 712개 기업이 퇴출됐다. 이에 비해 코스닥시장에서 사라진 등록기업은 2000년 5.4%, 2001년에는 9월까지 1.2%에 그쳤다.

이에 대해 맥킨지는 "미국 증시에서는 인수·합병, 강제 퇴출 등을 통해 TRS가 낮은 기업을 도태시키는 시장시스템이 작동하고 있다"며 "그러나 한국 증시에서는 TRS가 낮아도 이를 제재하는 시장시스템이 마련돼 있지 않고 있다"고 진단했다.

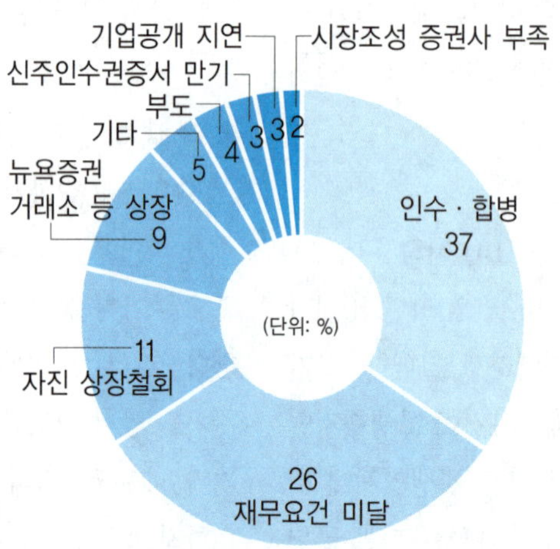

* 2000~2001년 전체 퇴출기업 1412개사 대상분석, 재무요건 미달에는 시가총액 5000만달러 미달 등 포함
자료: 나스닥 홈페이지, 맥킨지

미국 뉴욕증권거래소는 시가총액과 순자산이 5000만달러 미만 등이면 퇴출시키는 규정을 두고 있다. 나스닥시장도 순자산이 1000만달러 미만이고 시가총액이 5000만달러 미만 등에 해당하면 퇴출시키는 규정을 두고 있다.

이들 시장에 상장하기 위해 필요한 최소 시가총액이 1억달러임을 고려하면 주가가 상장시점에 비해 절반 이하로 하락할 때 퇴출압력에 놓이게 되는 것을 의미한다. 실제로 2000년과 2001년에 나스닥시장에서 퇴출된 1412개 기업 중 시가총액이나 최저자본금 등 재무적 기준미달인 기업이 26%에 달한다.

이에 비해 국내 증권거래소는 2년 연속 자본금이 전액 잠식됐을 때 비로소 퇴출시키는 규정을 두고 있는 정도다.

주주 이익 파괴 안된다

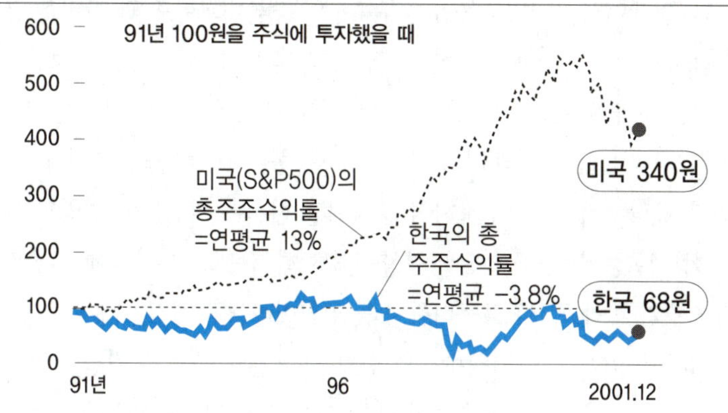

자료: 데이터스트림, 맥킨지

미국 공무원연금과 영국 연기금은 금융분야 운용자산 중 60% 이상을 주식에 투자한다.

투자결과도 성공적이다. 91년 말 미국 S&P500지수에 투자한 1만원은 주가 시세차익과 배당금을 합쳐 2001년 말 평균 3만4000원으로 불어났다. 안정적인 수익을 주주들에게 되돌려줬기 때문이다.

S&P지수에 20년 전 1만원을 투자했다면 10만2000원으로 불어나 있다.

노령인구 비중이 높은 미국에서 주식시장은 은퇴자 노후생활을 뒷받침하는 든든한 배경이 되고 있는 셈이다.

그러나 국내 상황은 완전히 다르다. 91년 말 국내 주식시장에 투자해둔 1만원은 배당금을 감안하더라도 2001년 말 평균 6800원으로 줄어들 만큼 상장기업들이 주주들에게 안정적인 수익을 되돌려주는 데 무관심했기 때문이다. 적어도 지난 10여 년 동안 국내 주식시장은 은퇴자 노후설계를 위한 동반자였다기보다는 이들 노후설계를 위협하는 존재였던 셈이다.

주식투자자는 자선사업가가 아니다. 이들에게는 예금이나 채권 대신 주식에 투자한 만큼 보상이 돌아가야 한다. 그런데도 국내 상장기업들은 전세계에서 드물게도 지난 10여 년 동안 주가 시세차익과 배당금을 합쳐

주주들에게 손실을 입히는 진기록을 세웠다.

주요 선진국은 고사하고 91년 홍콩, 대만, 말레이시아 등 동남아 국가에 1만원을 투자한 사람들도 2001년 말까지 모두 평균 20% 이상 수익을 올린 것과 비교하면 국내 주주들이 입은 손실은 한층 부각된다.

이와 관련해 맥킨지는 주가 시세차익과 배당수익을 합친 총주주수익률(TRS)에 대한 상장회사와 증권당국의 인식전환이 국내 주식시장에서 저평가를 해소하는 데 중요한 열쇠가 될 것이라고 분석하고 있다.

주식시장 시가총액에서 80%를 차지하는 기업을 기준으로 미국에서는 상장 후 총주주수익률이 마이너스인 기업은 불과 4%에 불과하다.

이에 비해 국내에서는 상장 후 마이너스 총주주수익률을 기록하고 있는 상장기업이 무려 26%에 달한다. 주식시장에 상장된 이래 줄곧 주주 이익을 파괴해온 기업들이 그 만큼 많다는 뜻이다.

맥킨지는 기업의 책임경영 여부와 주식시장 퇴출구조의 차이가 이 같은 주주에 대한 보상 차이를 가져왔다고 풀이하고 있다.

"한국 주식시장은 지난 10년 동안 마이너스 총주주수익률을 기록했습니다. 10년 동안 주식을 보유한 투자자가 투자액에 대한 이자는 고사하고 원금까지 손해를 본 셈이죠."

맥킨지 한국지사 박상수·안홍상 컨설턴트는 지난 10년 동안 투자자들이 한국 주식시장에서 은행 금리만큼도 수익을 거두지 못했다고 지적했다. 실제로 맥킨지가 이머징마켓 5개국에서 91년부터 2001년까지 10년 동안 총주주수익률을 비교한 결과 한국은 꼴찌를 기록했다. 조사기간에 한국 TRS 연평균 성장률은 -3.8%를 기록했고 대만은 1.9%, 싱가포르는 3.5%, 말레이시아는 6.2%, 홍콩은 13.9%를 기록했다.

이런 한국 주식시장 현실은 기업들이 경영과 지배구조에 투명성을 확보하지 못해 투자자에게 장기투자를 독려하지 못한 탓이라고 맥킨지는 분석했다.

박상수 컨설턴트는 "미국 주주들은 기업실적에 만족하지 못할 때는 이사회와 경영진에게 주저하지 않고 의사표시를 한다"며 "한국에도 이 같은 의사전달 경로가 필요하다"고 말했다.

미국에서 최고경영자(CEO)는 항상 애널리스트와 주주의 평가를 받는다. 안홍상 컨설턴트는 "분기실적을 달성하지 못한 CEO는 애널리스트의 혹평을 면하기 어렵고 더군다나 일정 기간 마이너스 TRS를 기록한 CEO는 해고대상이 된다"고 강조했다. 특히 장기적으로 기업이 마이너스 TRS를 회복하지 못하면 퇴출대상에 오른다.

맥킨지는 미국 기업들이 높은 TRS를 기록하는 데 주주와 애널리스트 감시, 강력한 퇴출기준이 크게 작용하고 있다고 평가했다. 맥킨지 한국지사는 "한국 애널리스트와 주주들이 기업에 지금보다 엄격한 경영투명성과 실적전망을 요구하고 정부는 강력한 퇴출기준을 마련해야 한다"고 조언했다.

'주주가치 혁명'에 나서자

김정태 국민은행장은 2001년 11월 통합은행 출범 직후 "국민은행 시가총액을 3년 안에 21조원으로 끌어올리겠다"고 밝혔다. 당시 국민은행 시가총액이 13조원대였음을 감안하면 "주주들에게 3년 동안 60% 이상 수익을 돌려주겠다"는 경영목표를 내놓은 셈이다. 이 때 김 행장은 "주주들에게 어느 정도 주가상승 목표를 제시해야 하는지를 놓고 밤잠을 설쳐가며 고민했다"고 토로했다.

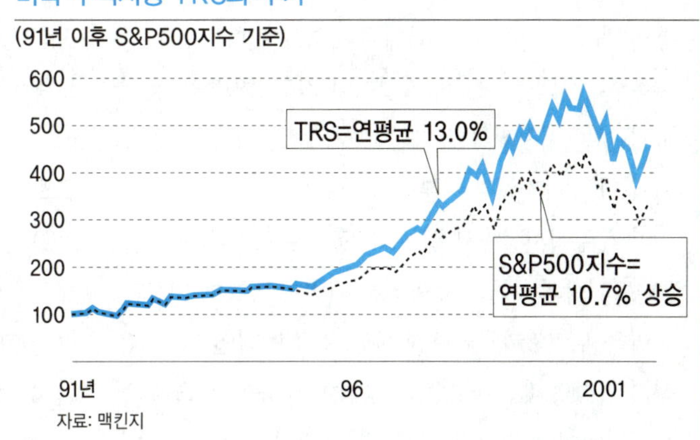

삼성그룹도 몇 년 전부터 계열회사 최고경영자 경영성과를 평가할 때 주가 등락을 주요한 판단지표 가운데 하나로 활용하고 있다.

국내 주식시장에서도 총주주수익률에 대한 인식전환이 이뤄지고 있음을 반영하는 사례들이다.

이런 기업들에 대한 외국인 투자자 반응은 뜨겁다. 삼성전자의 외국인 지분율은 99년 말 47.1%에서 2000년 말에는 54.2%로 높아진 데 이어 최근에는 60%에 육박하고 있다. 국민은행에 대한 외국인 지분율도 2000년 말 60.4%에서 최근에는 72%를 넘어섰다.

총주주수익률에 대한 대표기업들의 인식전환을 국내 투자자들이 미심쩍어 하는 사이 외국인 투자자들은 발빠르게 이들 기업에 대한 투자를 늘리고 있는 것이다.

이에 대해 맥킨지는 "아직도 한국의 많은 최고경영자가 수익보다 매출액 등 외형 확대에 집착하는 경영관행을 떨쳐버리지 못하고 있다"며 "그 때문에 주식투자자들도 총주주수익률을 신뢰하지 못하고 안정적인 장기투자도 주저하고 있다"고 지적한다.

맥킨지는 "IBM 푸조 등 선진국 주요 기업들도 한때 낮은 총주주수익률 때문에 인수·합병 대상으로 지목되거나 최고경영자가 해임을 당하는 고

통의 과정을 거쳤다"는 점에 주목하고 있다.

총주주수익률이 낮은 기업이나 최고경영자를 용서하지 않는 시장질서가 과감한 구조조정이나 수익 중시 경영을 가져왔다는 분석이다.

미국 주식시장에서 상장 후 총주주수익률(TRS)을 100% 이상 주주들에게 돌려준 기업이 90%에 이르는 원인은 무엇일까. 많은 투자자는 '전반적인 미국 주식시장 활황 때문에 주가가 덩달아 상승했고 그 결과 상장기업이나 최고경영자가 어부지리를 얻은 것'이라고 오해하기 쉽다.

실제로 S&P500 기업은 91년부터 2001년까지 연평균 13.0%의 총주주수익률을 제공했는데 이 가운데 주가 상승으로 인한 연평균 수익이 10.7%를 차지했다. 배당금에 의한 연평균 수익은 고작 2.3%에 불과했다.

코카콜라는 97년을 정점으로 수익성이 나빠지기 시작했다. 그러자 다우존스지수가 상승세를 이어가는 동안에도 코카콜라 주가는 98년 이래 큰 폭 하락세를 나타냈고 총주주수익률도 낮아지고 말았다.

주요 선진국 주가가 국내에 비해 2.5배 높은 평가를 받고 있는 이면에는 기업들의 눈물겨운 수익 중시 경영과 구조조정 노력이 있었다.

컴퓨터업계 대표주자에 속하는 IBM도 93년에는 총주주수익률이 마이너스로 추락하는 수모를 당했다. 80년대 후반 경쟁업체들이 속속 시장에 참여하면서 IBM의 주요 부문 시장점유율이 20~60%까지

잠식됐고 영업이익률도 급속히 악화됐다. 컴퓨터하드웨어 부문에서는 델, 선, 컴팩, HP 등에 추격당했고 소프트웨어 부문에서는 SAP, 오라클, 마이크로소프트, 로터스 등에 시장을 잠식당했다.

91년 메릴린치증권 애널리스트는 이러한 IBM을 놓고 "지금으로서는 수익전망이 점점 암울해져만 가는 악재투성이 기업"이라고 혹평할 정도였다. 그러나 IBM은 93년 최고경영자를 루 거스너(Lou Gerstner)로 교체했다.

설비라인 19개를 폐쇄했고 부사장도 18명에서 9명으로 줄였다. 89년부터 95년 사이 21개 서비스사업 부문을 인수·합병하고 95년에는 로터스를, 96년에는 티볼리(Tivoli)를 합병하는 등 신규 사업개발을 통한 공격경영도 병행했다.

그 결과 IBM은 94년 흑자로 돌아섰고 2000년까지 매년 흑자 규모가 늘어났다. 85년부터 93년 사이 연평균 -7.2%로 추락했던 총주주수익률은 93년부터 98년 사이 38.2%로 껑충 뛰어올랐고 2001년까지도 IBM은 연평균 33.4%의 총주주수익률을 유지하고 있다.

이 같은 눈물겨운 구조조정의 배경에는 시장의 강력한 채찍질이 도사리고 있다. 99년 8월 이래 미국에서 최고경영자 2296명이 해임되거나 사임하고 2000년 이래 나스닥시장 상장기업 1412개가 퇴출된 것만 보더라도 시장의 채찍질이 얼마나 강력한지를 미루어 짐작할 수 있다.

MS직원 30%가 백만장자

TRS관리 파급효과

기업 체질변화
- 수익과 성장성 중시경영
- 엄격한 지배구조 조성
- 주주와 의견교류 활성화
- 경영투명성 확보

TRS 낮은 기업 제재 강화
- 집단소송제 활성화
- 인수·합병 환경 조성
- 퇴출제도 강화

→ TRS 높은 기업 산업주도

주식시장 변화
- 높은 수익률 기록
- 기업 신용등급 상향

- 국내총생산 증가
- 대외신인도 개선

　99년 당시 3만명에 달하는 마이크소프트(MS) 직원 중에서 30%가 백만달러 소득자 대열에 올랐다. 주식매입선택권(스톡옵션)으로 받은 주식평가액이 크게 늘어난 덕택이다. MS 주가는 86년 기업공개 후 99년까지 무려 764배나 올랐고 당연히 TRS도 큰 폭으로 상승했다. 증권시장 유통물량 중 17% 해당하는 주식을 스톡옵션으로 제공하는 MS의 적극적인 스톡옵션 제도가 직원들에게 엄청난 부를 안겨준 셈이다.

　직원들은 해마다 자사 실적이 개선되고 주식평가액이 상승하다보니 회사를 떠나지 않았다. 높은 주가는 주주들에게 큰 만족감을 주는 동시에 스톡옵션 제도와 맞물려 우수인력 이탈을 방지하는 효과적인 수단으로 자리잡은 것이다.

　2000년 MS 주가가 빠지기 시작하면서 상황은 달라졌다. 주가가 20% 이상 하락하면서 스톡옵션을 통해 받은 직원들의 주식평가액도 덩달아 떨어졌다. 주가와 TRS가 하락하면서 MS는 인력이탈 방지를 위해 대안을 찾아야 할 상황에 직면했다.

　마이크로소프트 사례는 TRS를 통해 우수인력 이탈을 막고 외부 우수인력을 끌어들이는 효과까지 볼 수 있다는 사실을 여실히 보여준다.

　높은 TRS가 주는 위력은 여기에 그치지 않는다. 전략적으로 다른 회사를 인수·합병(M&A)해야 할 때 TRS가 높다면 보유 현금이 없더라도 주식교환을 통해 얼마든지 합병할 수 있다.

시스코가 93년부터 최근까지 63개 기업을 합병하면서 성장한 비결은 바로 높은 주가 덕분이다. 시스코는 스위치 제조업으로 출발했지만 주식교환 방식으로 합병을 성사시켜 유선 접속장비, 네트워크 장비, 인터넷음성통화(VoIP), 무선장비 등으로 사업영역을 넓혔다.

TRS가 높다면 신규사업에 많은 자금이 필요하더라도 증자를 통해 쉽게 조달할 수 있다. 주식시장에서 95년 AT&T가 1억4000만달러, 98년 세이프웨이가 1억1000만달러, 99년 시티그룹이 1억3000만달러를 조달한 것이 대표적인 사례다. 신규자금은 기업이 고성장 사업분야에 투자할 수 있는 기반을 마련해 준다. 이와 같은 높은 TRS가 주는 혜택을 누리는 기업들은 몇 가지 공통점이 있다.

첫째, 수익에 초점을 맞춘 경영 덕분에 해당 산업분야에서 경쟁업체보다 이익률이 높고 운영상 효율성을 발휘하고 시장에서 확고한 위치를 점하고 있다.

둘째, 고성장 산업에 주력하는 사업구조를 갖추고 있다. 고부가가치산업과 서비스 관련사업에 진출하고 인수·합병을 통해 고성장 분야로 영역을 넓힌다. 기업 지배구조가 엄격한 점도 공통적으로 발견할 수 있는 특징이다. 사내 경영활동을 감독하는 감사제도와 이사 보수를 결정하는 보수위원회, 주주들을 대신해 경영활동을 감시하는 위원회를 운영하고 있다.

마지막으로 투자자와 활발하게 의견을 교환할 수 있는 장을 마련한다. 일반투자자들이 쉽게 이해할 수 있는 대화채널을 운영하고 경영투명성을 확보할 수 있는 표준화한 회계규정을 따르고 있다.

미국에서 TRS 톱10 기업은 델컴퓨터, EMC, 베스트바이, 시스코, 맥심, 퀄컴, 오라클, 어플라이드머티리얼, IDEC, 페이첵스 등이다. 이들 기업은 탄탄한 재무구조와 높은 주가 덕분에 TRS가 최고 68%에 달한다.

세계 석학에게 듣는다 | 존 캠벨 하버드대 경제학과 교수

　투자이론의 세계적 대가로 정평이 난 존 캠벨 하버드대 교수는 단기적 예측에 현혹되지 말고 투자자 스스로의 성향과 기준에 맞게 장기적 안목에서 분산투자를 해야 한다고 권고했다.

　캠벨 교수는 5년 이상 참을 각오 없이 주식투자를 한다는 것은 매우 위험천만한 일이라면서 단타 위주의 투자방식을 경고하고 투자에 관해 역사적으로 입증된 가장 확실한 원칙은 분산투자'라고 설명했다.

　그는 전체시장보다 개별종목의 가격변동이 심하다는 사실은 실제적으로나 학문적으로도 규정됐다면서 위험을 줄이고 안전한 투자를 원하는 사람은 전문가들이 운용하는 펀드에 맡기는 게 바람직하다고 말했다.

　캠벨 교수 본인은 시장을 전망하는 위치에 있지 않다면서도 한국 주식시장에 대해 묻는 기자의 질문에 "글로벌 투자를 하는 큰손들이 투자처를 고르는 중요한 판단기준은 투명성"이라고 전제하고 "한국은 상대적으로 외환위기 후 구조조정 덕분으로 일본은 물론 다른 경쟁국보다도 우위에 있다"고 분석했다.

올해 초 애틀랜타에서 열린 전미경제학회에서 캠벨 교수는 기존의 대표적 투자원칙이 학문적으로는 입증되지 않고 있다는 점을 지적했는데 실제투자에 있어 어떤 의미가 있는지부터 말해달라.

▶크게 분류해 금융설계사들이 불문율로 여기는 투자원칙이 두 가지 있다. 첫째는 공격적인 투자자는 주식을 보유해야 하며 보수적인 투자자는 채권을 보유해야 한다는 원칙이다. 둘째는 장기적인 투자자가 단기적인 투자자보다 훨씬 더 위험을 감수하는 주식투자를 할 여력이 있다는 원칙이다.

　상아탑에서 연구하는 학자들은 실제 투자환경을 지배하는 이런 원칙을 과학적으로 입증하려고 많은 노력을 기울여 왔다. 폴 새뮤얼슨에서부터 작년 노벨경제학상을 탄 조셉 스티글리츠, 제임스 토빈, 그리고 최근 하버드대 총장으로 간 로런스 서머스까지 다양한 연구가 있어 왔다. 나의 연구도 이런 연장선상

에 있는 것이며 최근 발간한 저서에서 나름의 해답을 제시했다.

학문적인 분야는 어려우니 깊게 들어가지 못하겠고 결론을 내린다면 결국 두 가지 투자원칙은 의심의 여지 없이 확실하다는 말인가.

▶(웃으면서)사회과학에 100점이 있는가. 그러나 나는 적어도 투자하는 사람들은 두 가지를 염두에 둬야 한다는 점만 분명히 하고 싶다.

　우선 보수적 투자자들은 채권을 보유해야 한다는 점은 적어도 채권에 인플레이션을 헤지하는 방어기제가 있다면 옳은 얘기다. 예를 들어 인플레이션지수 채권이 있다면 그것은 보수적 투자자들을 위한 완벽한 상품이다. 시장의 실세금리가 변동하는 등의 위험요인이 있고 회사채 같은 것은 원금을 고스란히 날리는 경우도 있지만 주식보다는 안전장치가 많은 상품이다.

　두번째도 맞는 말이다. 주식투자에 있어 기간은 중

세계 석학에게 듣는다 | 존 캠벨 하버드대 경제학과 교수

요하다. 단기간에 차익을 올리는 경우도 있지만 그것은 위험이 따르는 일이다. 그건 도박이지 투자가 아니다. 도박을 하고 싶은 사람은 그들의 판단과 직관에 의해 하면 되지만 주식투자를 하려는 사람은 '위험'을 염두에 둬야 한다. 위험을 줄이려면 기간을 길게 잡아야 한다. 1년의 기간을 두고 주식투자를 하는 사람과 10년의 기간을 두고 주식투자를 하는 사람의 행태는 다르다. 10년 투자자가 위험을 감수할 여지가 많다. 조금 손해를 보더라도 더 보유할 수 있는 여유가 있기 때문이다. 결과적으로 투자위험을 줄이는 길이다. 기간이 길면 쉴 수가 있다. 주식투자에 있어 기다리는 것처럼 중요한 건 없다. 오래 기다릴수록 돈을 벌 확률은 높아진다. 참을성 없는 사람은 주식투자를 안하는 게 좋을지 모른다.

투자에 대해 대가들이 제시하는 해법은 여러 가지가 있다. 실전경험을 바탕으로 상반되는 훈수를 하는 경우도 많다. 전문가마다 보는 눈이 다르기 때문이다. 객관적인 위치에 있는 대학교수로서 주식투자의 가장 중요한 원칙을 한 가지 꼽는다면 무엇인가.

▶분산투자다. 여러 종목에 투자할수록 위험은 줄어든다. 장기적인 관점에서 수익률도 높아진다. 엔론 사태는 우리에게 다시 한 번 분산투자의 중요성을 일깨운 사건이기도 하다. 종업원들의 퇴직금으로 운용되는 기업연금이 엔론에 집중투자를 하는 바람에 대부분의 종업원이 돈을 날리게 됐다. 달걀을 한 바구니에 담지 말라는 주식투자의 교훈을 잊었다.

분산투자는 대형 기관투자가들이 지역적으로 투자자금을 안분하는 것과도 관련이 있는가.

▶물론이다. 지역적으로는 물론 산업별로도 안분해야 한다. 전통산업과 첨단산업에 고르게 투자하는 게 위험을 줄이는 방법이다. 지역적으로는 선진국 증시와 이머징 시장과 조화를 이루고 이머징 시장에서도 국가별로 분산투자를 하는 게 원칙일 것이다.

올해 세계 주식시장에 대해 전망한다면.

▶그건 내가 할 일이 아니다. 그런 질문을 받을 때마다 대답을 줄 수 없는 점을 이해해달라. 다만 신흥시장 국가에 대한 미국 투자기관들의 관심이 높다는 점은 분명히 밝힐 수 있을 것 같다. 미국은 지금 유동성은 풍부하고 살 주식은 많지 않은 상황이다. 돈이 몰려 어디에서 폭발할지 모른다.

외국인 투자자금을 끌어들이기 위해 가장 필요한 것은 무엇인가.

▶기업과 국가경제에 대한 전망이 같다면 투명성이 높은 국가에 돈이 간다. 기업지배구조가 개선되고 회계 투명성이 높은 국가가 혜택을 볼 것이다.

미국은 엔론으로 경영 투명성 면에서 어두운 면이 드러나고 앞으로도 투자자들의 신뢰를 회복하기가 어려울 것이라는 전망이 나오는데.

▶어디고 완벽한 곳은 없다. 미국도 이런 허점이 있을 수 있다는 것을 보여줬다. 그러나 문제가 드러나고 이를 개선하려는 노력이 수반될 것이라는 점은 분명하다. 투자자들의 신뢰는 곧 회복될 것으로 확신한다.

수익경영 佛 푸조 불황에도 탄탄

푸조와 세계·유럽 자동차업계 TRS

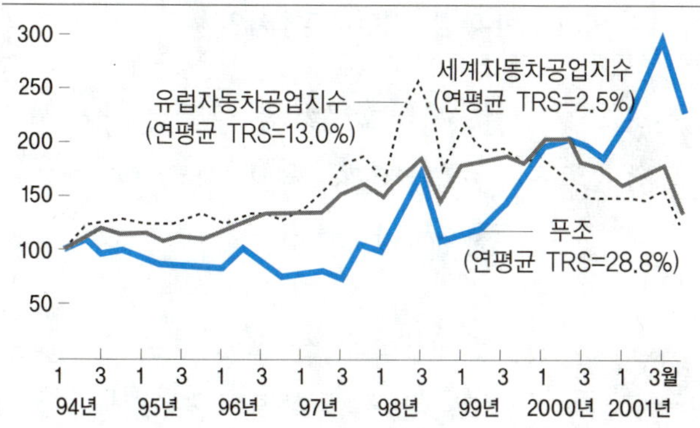

IBM의 TRS 개선

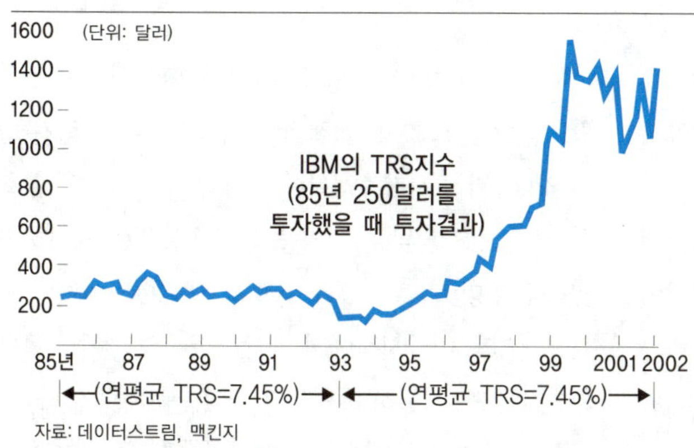

자료: 데이터스트림, 맥킨지

존 마텡 폴츠(John-Martin Folz)는 침몰하던 프랑스 자동차의 자존심 푸조를 수렁에서 건져낸 인물이다. 푸조는 97년 10월 전임 최고경영자인 칼베(Calvet) 후임으로 페치니(Pechiney)와 베긴세이(Beghin-Say)에 근무하던 폴츠를 영입했다. 이 때 푸조의 연간 차량판매대수는 5년째 210만대 수준에 정체돼 있었고 적자지속으로 인해 인수·합병 대상으로 지목되고 있었다. 푸조 주주들의 최대 관심사는 수익성 개선이었고 새로운 최고경영자로 나선 폴츠가 취임 초부터 내세운 경영비전도 수익성 개선이었다.

폴츠는 98년 6월 월스트리트저널과 인터뷰하면서 "비용을 줄이고 수익성 있는 신제품을 개발하는 데 우선순위를 집중할 것"이라고 밝혔다. 폴츠는 우선 실패작으로 인식되던 미국시장에서 철수하기로 결정했다. 또 생산라인 1개에서 여러 종류의 디자인제품을 생산하는 복합생산라인 전략을 도입해 비용을 대폭 절감했다.

이어 98년 포드와 합작으로 디젤엔진 개발과 생산에 나섰고 최근에는 일본 도요타와 13억5000만달러 규모의 경차생산 합작계약을 맺는 등 신제품 개발에도 박차를 가했다. 그 결과 푸조는 디젤엔진 최대 생산업체로 떠올랐고 2001년에는 차량판매대수가 300만대까지 늘어난 것으로 추정된다. 더구나 푸조의 연간수익은 98년 3억8000만유로에서 2001년에는 13억2600만유로로 급증한 것으로 잠정 집계되고 있다.

푸조의 총주주수익률이 높아진 것은 당연하다. 폴츠가 최고경영자로 부임한 98년 10월 이래 푸조의 연평균 TRS는 28.8%로 높아졌다. 같은 기간 세계 자동차산업 주가지수가 2.5% 하락하고 유럽 자동차산업 주가지수가 13.0% 하락한 것과 비교하면 놀랄만한 주주수익 개선인 셈이다.

低주가 기업은 퇴출

부채비율 200%, 이자보상배율 1배, 국제결제은행(BIS) 자기자본비율 8%.

국내 기업이나 은행들이 외환위기 후 살아남기 위해 통과해야 했던 주요 관문이다. 일부 시행착오가 없었던 것은 아니지만 이런 기준들은 국내 기업이나 은행들로 하여금 구조조정에 매진하도록 하는 중요한 계기가 됐다. 그 결과 외국인 투자가 늘어나고 경기회복에 대한 기대도 그 어느 때보다 높아지고 있다.

맥킨지는 여기에 덧붙여 주주들에 대한 보상을 촉구하고 주식시장의 저평가를 해소하기 위한 방안으로 또 하나의 퇴출기준을 제시하고 있다.

총주주수익률이 낮은 기업을 주식시장에서 퇴출시키는 장치를 마련함으로써 장기적이고도 안정적인 주식투자 문화를 정착시켜 나가자는 정책제안이다. 총주주수익률은 주가상승률에다 배당금을 합친 개념이다.

맥킨지가 내놓은 제안은 상장 후 총주주수익률이 −50% 미만인 기업을 주식시장에서 퇴출시키자는 것이다. 또 영업이익이 이자비용에 미달하는 이자보상배율 1 미만인 기업도 퇴출대상에 포함하자는 제안이다.

주주들에게 손실을 끼치는 상장기업을 주식시장에서 퇴출시키는 장치가 마련되면 상장기업들이 주주나 수익 중시 경영에 발벗고 나설 것이란 조언이다.

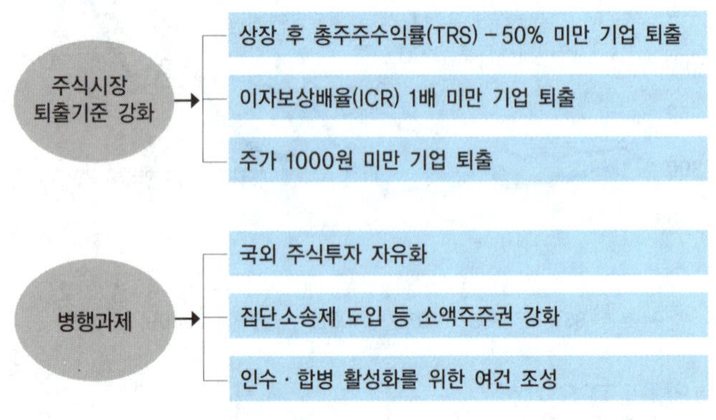

미국 주식시장에는 총주주수익률이나 시가총액 하락률을 기준으로 한 직접적인 퇴출기준이 정해져 있지 않다. 최저 시가총액이나 최저 주가를 설정해 우회적으로 TRS가 낮은 기업을 퇴출대상으로 겨냥하고 있을 뿐이다.

그런데도 미국시장에서는 상장 후 −50%에도 못미치는 TRS를 기록하고 있는 기업이 단 1개도 없다. 이러한 퇴출기준을 적용하기 전에 소액주주 반발이나 인수·합병 압력이 해당 기업을 그대로 방치해두지 않기 때문이다.

이와 관련해 맥킨지는 TRS −50% 미만인 기업에 대한 퇴출과 더불어 국외 주식투자 자유화, 집단소송제 등 소액주주권한 강화, 인수·합병 활성화 등도 병행해 추진해야 한다고 밝혔다. 이런 과제가 이뤄질 때 총주주수익률을 높일 수 있는 여건을 조성할 수 있다는 분석이다.

이런 기업 경영자 퇴출시켜야

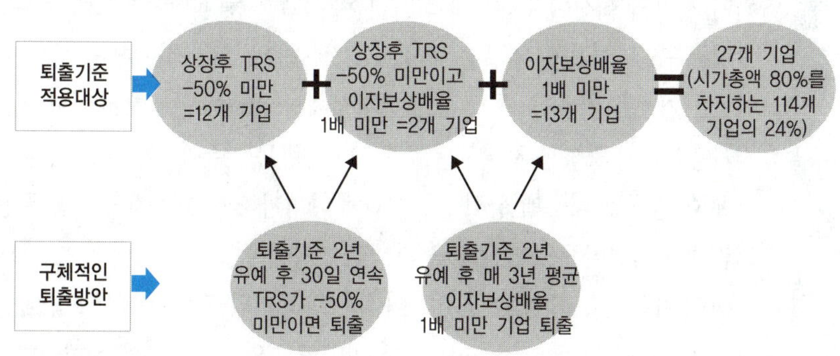

한빛은행 주식은 98년 9월 감자를 거치면서 10주가 1주로 줄어들었다. 이어 2000년 12월에는 모든 주식이 소각되는 운명을 맞았다. 은행주를 안정적인 투자수단으로 믿고 91년 한빛은행 주식을 1만1000~1만2000원대에 사들인 주주들은 10년 만에 투자원금을 거의 모두 잃는 손실을 입었다.

외환위기 후 도입된 국제결제은행(BIS) 자기자본비율 8% 기준만 있었더라도 이 같은 주주손실은 미리 막거나 축소할 수 있었을 터다. 국내 주식시장에서는 그 동안 일부 상장기업이 별다른 견제를 받지 않고 일방적으로 주주들에게 손실을 끼쳤다. 주식시장 시가총액에서 80%를 차지하는 주요 114개 상장기업 가운데 상장 후 총주주수익률이 마이너스인 기업 비율이 26%에 이른다.

맥킨지는 이 같은 '주주가치 파괴'를 막기 위해 상장 후 총주주수익률이 -50%를 밑도는 기업은 주식시장에서 퇴출시켜야 한다고 권고했다. 미국 증시에서는 시가총액 5000만달러 미달 등 기준에 해당될 때 퇴출시킬 수 있는 규정을 두고 있다. 상장에 필요한 최소 시가총액이 1억달러 이상임을 감안하면 주주 손실이 50% 이상에 달할 때 퇴출시킬 수 있는 우회적 규정을 마련해두고 있는 셈이다.

국내 주식시장에서도 상장 후 주주에게 50% 이상 투자원금 손실을 가져다준 상장기업을 퇴출시켜 주주 중시 경영을 유도해야 한다는 것이 맥킨지 제안의 핵심이다. 이 때 퇴출기준은 30일 동안 연속적으로 총주주수익률 −50% 미만인 기업을 대상으로 적용하는 것이 적당하다고 풀이됐다. 이 기준을 적용할 때 국내 주식시장에서 퇴출대상에 오르는 종목은 시가총액에서 80%를 차지하는 주요 114개 종목 가운데 12.3%인 14개 기업에 이른다. 시가총액 상위 114개 외에 나머지 20%를 차지하는 종목 중 퇴출대상 기업비중은 훨씬 높을 것으로 추정된다.

맥킨지는 또 영업이익이 이자비용을 밑도는 이자보상배율(ICR:Interest Coverage Ratio) 1배 미만인 기업들도 증시에서 퇴출하도록 권고했다. 이들 기업은 궁극적으로 주주들에게 더 큰 비용지출을 요구할 가능성이 높기 때문이란 해석이다. 이와 관련해 이자보상배율이 1배를 웃도는 기업이라 하더라도 앞으로 3년마다 평균 이자보상배율이 1배를 밑돌면 퇴출대상에 포함시키는 보완적인 기준이 필요하다고 지적했다.

시가총액에서 80%를 차지하는 기업 중에서 2000년 말 기준으로 이자보상배율 1배를 밑돌아 퇴출대상에 오르는 기업은 13.2%인 15개 기업인 것으로 분석됐다. 이들 퇴출대상 중 2개 기업은 총주주수익률이 −50% 미만이면서 이자보상배율도 1배 미만인 것으로 나타났다. 따라서 총주주수익률과 이자보상배율에 의한 퇴출기준을 적용하면 주식시장 시가총액에서 80%를 구성하는 114개 기업 가운데 23.7%인 27개 기업이 최종적으로 퇴출대상에 오르는 셈이다.

맥킨지는 이 같은 퇴출기준을 적용할 때 상장기업들이 적응할 수 있도록 2년 정도 유예기간을 주는 것이 바람직하다고 밝혔다. 또 TRS가 높은 고속성장 기업들에 대해서는 이자보상배율 적용에 예외를 두는 것도 필요하다고 덧붙였다. 고성장 기업들은 이자보상배율이 일시적으로 낮더라도 재무적인 안정성을 유지할 가능성이 있기 때문이다.

해당 기업이 수익성을 높이기 위해 중대한 경영개선을 시도하고 있거나 외부의 큰 충격으로 주가 급락이 발생할 때를 대비한 보완규정도 마련해 두는 것이 바람직한 것으로 지적됐다. 예를 들어 미국 나스닥시장은 9·11 세계무역센터 테러사건이 발생했을 때 일시적으로 상장폐지 규정 적용을 중단한 사례가 있다. 이와 반대로 퇴출을 피하기 위해 주가조작을 시도한 기업이나 개인에 대해서는 처벌을 한층 강화하는 방향으로 규정을 보완해야 한다고 맥킨지는 제시했다. 미국과 마찬가지로 퇴출기준을 신축적으로 적용할 수 있는 재량권을 증권거래소 상장심사위원회에 부여해야 한다는 지적도 나왔다.

맥킨지는 이 같은 퇴출기준을 적용할 때 그 동안 주주들에게 마이너스 TRS를 제공한 기업들이 수익을 중시하고 주주들과 관계를 개선하는 데 더 한층 우선순위를 두게 될 것이라고 조언했다. 퇴출기준 강화가 기업에 경영개선 노력을 촉발하는 현상은 이미 국내 주식시장에서 사례를 찾아볼 수 있다.

2000년 7월 증권거래소가 2년 연속 자본잠식 기업을 퇴출하도록 관련 규정을 강화하자 자본잠식 상태인 법정관리 또는 회의기업들과 이들 기업 채권단이 최근 들어 출자전환, 인수·합병을 통해 기업회생에 발벗고 나서고 있는 것이다.

매경·맥킨지 증시 퇴출기준 강화

주식시장 퇴출제도 기준 변화

과거
- 상장·등록기업 회생 가능성
- 부도·파산 때 퇴출기준 운용

현재
- 상장·등록기업 투자적격성
- 공시 불이행 등에 퇴출기준 강화

미래
- 상장·등록기업 주주가치 보호여부
- 총주주수익률(TRS) 낮은 기업에 퇴출기준 적용

이자보상배율

이자보상배율이란 기업이 영업활동을 통해 벌어들인 이익(영업이익)으로 금융비용(은행이자 등)을 감당할 수 있는지를 나타내는 지표다.
이 수치가 1 이하이면 영업을 해봤자 이자도 내지 못한다는 의미다

상장 최저주가 1000원은 돼야

맥킨지는 주가가 1000원에 미달하면 주식시장에서 퇴출시키고 주식거래 최저 가격단위를 10원으로 올리는 방안도 내놓았다. 선진국 주식시장은 대부분 미화 1달러와 비슷한 수준에서 자국 화폐가치로 최저 가격 기준을 정해두고 있다. 미국 주식시장에서는 1달러가 퇴출기준이고 일본에서는 주당 100엔, 즉 0.83달러 미만이면 퇴출대상이 된다.

독일과 프랑스에서는 주당 1유로, 즉 0.92달러 미만이면 퇴출대상이고 캐나다에서는 주가가 1캐나다달러, 즉 0.71달러를 밑돌면 퇴출된다. 이들 국가가 미화 기준으로 주가가 평균 0.88달러 아래로 떨어지면 퇴출시키는 규정을 마련해 두고 있는 셈이다.

이에 비해 국내에서는 코스닥시장이 액면가격 대비 20% 수준을 밑돌 때 퇴출시키는 규정을 두고 있을 뿐이다. 액면가 500원짜리 주식을 기준으로 하면 주가가 100원 미만일 때 퇴출시켜야 한다는 것. 맥킨지는 주가가 1000원을 밑도는 주식은 이미 주주들에게 막대한 손실을 입혀 그 결과 주주들이 등을 돌린 종목이며 주식시장에 가격 급등락만 초래한다고 지적했다.

국내 증시에서 부도가 났거나 회사 영업이 사실상 정지된 상장 또는 등록기업이 여러 차례 주인이 바뀌며 '투기주'로 변한 사례가 많다. 이처럼 '이상한 종목'들 때문에 개인투자자들이 근거없는 루머에 휘말리거나 작전세력에 휩쓸리기도 한다.

한편 맥킨지는 총주주수익률과 이자보상배율에 의해 퇴출기준을 적용할 때 다양한 불만의 목소리가 쏟아질 수 있다고 예상하고 있다. 상장기업 최고경영자들은 "각종 퇴출기준에 신경 쓰느라 비생산적으로 시간을 낭비하게 된다"고 주장할 수 있고 "증권거래소에 과도하게 퇴출관련 재량권을 부여한다"고 불만을 제기할 수도 있다. 또 주주들은 "집단소송제가 뒷받침되지 않은 상태에서 매수청구권마저 제대로 보장되지 않으면 기업들을 퇴출시킬 때 갑자기 큰 손실을 입는다"는 의견이 나올 법하다. 증권거래소나 코스닥증권시장은 "기업퇴출 규정강화가 투자심리를 위축시키고 시장규모를 축소시키는 요인이 된다"는 반론을 펼 수 있다.

그러나 맥킨지는 이러한 염려에도 불구하고 퇴출기준 강화가 궁극적으로 주식시장에 대한 신뢰를 높이고 잠재투자자를 늘려 한국 증시 제값받기에 큰 도움이 될 것이라고 밝혔다. 총주주수익률(TRS)과 이자보상배율(ICR)을 바탕으로 제시된 퇴출기준 강화 방안은 기본적으로 주주가치를 지속적으로 보호하자는 데 주안점이 있다.

맥킨지는 퇴출기준을 실제 정책으로 입안하는 과정에서는 TRS 대신 주가나 시가총액과 같은 보완적인 기준을 적용할 수도 있다고 조언하고 있다. 총주주수익률 계산이 보편화하지 않은 데다 아직 주가나 시가총액에 비해 생소한 개념이기 때문이다.

미국 주식시장에서 총주주수익률을 직접적인 퇴출기준으로 적용하지 않고 시가총액을 이용해 우회적으로 TRS가 낮은 기업을 퇴출시키고 있는 점도 참고할 만한 대목이다. 다만 미국에서는 유상증자나 전환사채 주식전환이 별로 없기 때문에 시가총액을 우회적인 퇴출기준으로 활용하는 데 어려움이 없다.

그러나 국내에서는 유상증자가 잦아 시가총액만을 퇴출기준으로 적용하면 TRS와 차이가 나게 된다.

또 주가 수준을 퇴출기준으로 활용할 때도 액면병합 등으로 왜곡현상이 나타난다.

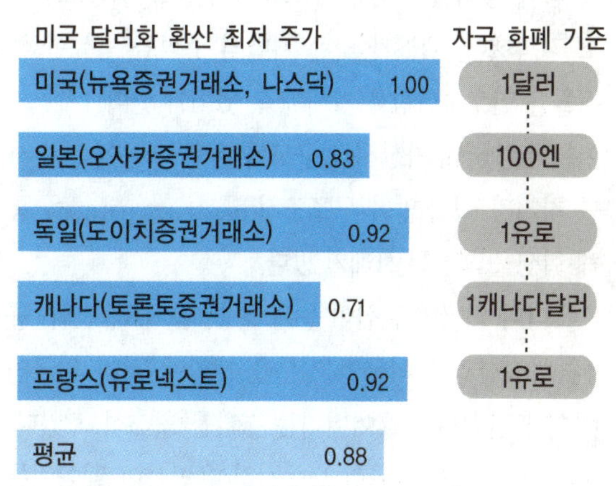

이에 따라 맥킨지는 "TRS를 대신하는 보완적인 퇴출기준을 마련할 때는 주가와 시가총액을 동시에 고려하는 방안이 바람직하다"고 권고하고 있다. 즉 "상장 후 시가총액이 50% 이상 감소하거나 주가가 50% 이상 하락한 기업을 모두 퇴출대상으로 삼을 수 있을 것"이라고 밝혔다. 주식시장 시가총액에서 80%를 구성하는 114개 기업 가운데 상장 후 주가가 50% 이상 하락한 기업은 현재 19개며 이 가운데 4개 기업은 이자보상배율도 1배 미만이다.

결국 상장 후 주가하락률이 50% 이상이거나 이자보상배율이 1배 미만인 기업을 퇴출시키면 26%인 30개 기업이 퇴출대상에 오르게 된다는 계산이다.

소액주주 권리 강화해야

맥킨지는 TRS를 높이려면 엄격한 퇴출기준 적용과 함께 증시를 둘러싼 제도개선이 반드시 필요하다고 지적했다. TRS가 낮은 기업의 주식을 보유한 주주들은 인수·합병을 기대할 수 있어야 한다.

한국은 국내 자산시장 규모가 작기 때문에 매수자를 찾기가 쉽지 않아 구조조정(Restructuring)을 통해 회생을 꾀하는 사례가 많다.

그나마 외국인 관심이 높은 운송, 음식료, 전력, 통신, 방송산업은 외국인 지분율 제한에 걸려 외국인 매수자 관심까지 끊어버리는 결과를 초래하고 있다. 노조 반발 등을 비롯한 노동시장 유연성이 떨어지는 것도 인수·합병이 활성화하지 못하는 주요 이유 중 하나다.

맥킨지는 "투자자가 국내보다 외국 기업 수익이 더 나을 것으로 생각할 때 외국에 투자할 수 있도록 허용해야 한다"고 제안했다. 국내 투자자가 국내외 기업을 구분하지 않고 선택해 투자할 수 있는 여건을 만들어야 국내 기업이 투자자에 대한 자세를 바꿀 것이라는 얘기다.

이를 위해 우선 현재 외국 주식투자에 장애요소로 작용하는 최소 투자금액인 5000만원을 낮추고 거래비용을 줄여야 한다. 외국 주식투자를 전문으로 하는 특화한 증권사도 필요하다. 또 외국 증권투자 수익에 대한 부정적인 시각도 제거해야 한다. 소액주주들이 TRS를 높이도록 기업과 경영진에 압력을 행사할 수 있어야 한다.

예를 들어 기업이 허위공시나 분식회계, 주가조작을 했을 때 소액주주들이 집단소송을 통해 손해배상을 청구할 수 있는 제도가 대표적이다.

정부는 2002년 4월부터 자산총액 2조원 이상인 증권거래소 상장기업과 코스닥 등록기업에 한해 집단소송제 도입을 추진하고 있지만 아직 결실을 보지 못하고 있다. 제도의 당위성에도 불구하고 소송남발과 손해배상을 청구할 수 있는 기업행위가 모호해 자칫 기업이 피해를 입을 수 있다는 신중론이 만만찮기 때문이다.

집단소송제를 포함해 선진국 수준으로 소액주주 권리를 강화하면 기업은 소액주주 눈을 의식하게 되고 궁극적으로 TRS를 높일 수밖에 없다.

美 CEO, TRS기준 가장 중시

TRS를 높이는 방안

TRS 개선		
인수·합병 환경조성	**소액주주 권리강화**	**해외주식투자 장애제거**
• 자산시장 규모 확대 • 외국인 지분율 제한 완화 • 노동시장 유연성 확보 • 정부정책 일관성 확보	• 집단소송제 도입 • 선진국 수준으로 소액주주 관리강화	• 최소 투자금액(5천만원) 하향조정 • 해외 주식투자 전문증권사 설립 • 해외 주식투자에 대한 부정적 시각 제거

"한국이 총주주수익률(TRS)을 중시하는 투자문화와 제도정착에 노력한다면 '한국 주가 재평가(코리아 리레이팅)' 속도가 한층 빨라질 것입니다."

맥킨지 한국지사에서 일하는 제이슨 박과 김민호 컨설턴트는 TRS에 초점을 맞춘 퇴출기준을 제안하게 된 배경에 대해 이렇게 설명했다.

박 컨설턴트는 이번에 내놓은 기준은 이미 미국 증시에서 효과를 발휘하고 있다고 말했다.

그는 "미국 증시에서 TRS 평가를 통해 주주에게 만족할 만한 수익을 주지 못하는 기업은 퇴출이나 인수·합병이라는 제재를 받는다"며 "강력한 제도가 도입되면 주주를 중시하는 문화가 자연스럽게 자리잡게 된다"고 강조했다.

김 컨설턴트는 "퇴출이나 인수·합병과 함께 소액주주 권리까지 강화한다면 TRS 개선에 한결 속도가 붙을 수 있다"고 확신한다고 말했다.

이와 관련해 맥킨지는 소액주주 권리와 외국 주식시장에 대한 투자기회를 늘려야 한다는 의견을 내놓았다.

맥킨지는 실제 퇴출기준을 기업에 적용할 때 어느 정도 '운용의 묘'가 필요하다고 밝혔다. 박 컨설턴트는 "퇴출위원회는 필요하다면 퇴출기준에 해당하지 않아도 퇴출대상에 올려 놓고, 퇴출기준에 해당하더라도 회생 가능성이 높다면 그대로 둘 수 있는 강력한 힘을 가져야 한다"고 강조했다.

물론 상장과 퇴출을 심사하는 상장위원회가 너무 많은 예외를 인정하는 것에는 반대했다.

또 상장위원회는 평소 퇴출기준에서 벗어나기 위해 기업이 주가조작 등 비정상적인 경영활동을 하는지 항상 눈여겨 봐야 한다.

이 같은 맥킨지의 정책제안에 대해 주식시장 정책 담당자들은 "점진적으로 추진해야 할 과제"라는 반응을 보였다.

이우철 금융감독위원회 감독정책2국장은 "퇴출제도를 지속적으로 강화하기 위해 외부 전문기관에 용역을 의뢰할 계획"이라며 "주주이익 파괴라는 개념도 퇴출기준에 도입할 수 있는지를 따져보겠다"고 말했다.

그 동안 증권당국은 '상장·등록기업 회생 가능성'에 초점을 맞춰 주식시장 퇴출기준을 운영했다. 그러나 최근 들어서는 공시불이행에 대한 제재를 강화하는 등 '투자 적격성' 개념을 강조하고 있는데 이어 앞으로 '주주 이익 보호 여부'도 퇴출기준에 포함하는 방안을 모색하겠다는 설명이다.

다만 상장 후 주주이익을 절반 이상 파괴한 기업(TRS −50% 미만)을 대상으로 퇴출기준을 적용해야 한다는 맥킨지 제안에 대해서는 증권당국자, 상장기업, 증시전문가, 시민단체 사이에 의견이 분분했다.

재경부, 증권거래소 등 증권당국 관계자들은 "주주 가치를 파괴하는 기업을 제재해야 한다는 취지에는 공감한다"면서도 "수출의존도가 높은 경제환경을 감안할 때 주가 하락 책임을 기업에만 돌릴 수 있는지는 따져봐야 할 일"이라며 신중론을 폈다.

이에 비해 증시전문가들과 시민단체 관계자들은 "총주주수익률을 퇴출기준으로 곧바로 적용할 때 구체적인 사항에서 보완해야 할 문제점이 있음에도 불구하고 기본 원칙에는 공감한다"는 반응이 우세했다.

나아가 "상장·등록기업 경영불투명성이 국내 증시의 저평가를 초래하는 가장 큰 원인 중 하나"라고 지적하고 경영투명성을 높이기 위해 정책적 보완과제를 주로 제시했다.

주주이익을 파괴하는 기업을 주식시장에서 퇴출시킬 뿐 아니라 소액주주들이 보다 활발하게 권한을 행사할 수 있도록 집중투표제 배제조항을 삭제하는 등 조치를 취해야 한다는 주장이다.

증시전문가들과 시민단체 관계자들도 총주주수익률을 구체적인 퇴출기준으로 적용하는 문제에 대해서는 의견이 분분했다. 그러나 주주이익을 보호하기 위한 제도를 강화해야 한다는 점에는 한목소리를 냈다.

장만호 대한투신증권 경제연구소장은 "총주주수익률 개념을 도입해 퇴출제도를 강화해야 한다는 맥킨지 제안에 동의한다"고 말한 뒤 증권당국자들과는 정반대로 "TRS 기준을 적용하더라도 퇴출되는 기업이 소수에 불과하기 때문에 더 강력한 보완제도가 필요하다"고 밝혔다.

즉 "일부 상장기업은 수익성이 좋은 데도 주가 상승과 직접적으로 연결되지 않는 이유 가운데 하나는 경영불투명성 때문"이라며 경영투명성을 높이기 위해 구체적인 보완방안들이 병행돼야 한다는 지적이다. 예를 들어 집중투표제를 배제할 수 있는 근거조항을 삭제해 소액주주 권한을 강화하고 공시의무를 위반한 상장·등록기업에 대해서는 '사기죄'를 적용하는 등 처벌을 대폭 강화해야 한다는 설명이다.

이남우 삼성증권 상무는 "상장기업 경영자와 투자자들의 인식전환이 중요하다"며 구체적인 퇴출제도 강화방안에 대해서는 신중론을 폈다. "우량기업 주식을 집중적으로 사들인 외국인 투자자 중 일부는 해당 상장기업을 상대로 주주 중시 경영을 요구했을 때 자진 상장폐지할 가능성 때문에 걱정하기도 한다"며 퇴출보다는 상장기업 경영진이나 투자자 인식에서 먼저 해법을 찾아야 한다고 주장했다.

김상조 참여연대 경제개혁센터 소장도 "소액주주들이 권한을 행사할 수 있는 여건이 먼저 조성돼야 한다"고 강조했다.

상장·등록기업 관계자 반응도 개별 기업별로 엇갈리고 있다.

김한중 대인정보시스템 사장은 "일부 공개기업은 영업이익 적자를 기록하면서 머니게임을 통해 경상이익과 당기순이익을 내는 데 회사역량을 분산시키고 있다"며 "유예기간에 기업 건전성과 투명성을 높이는 방안을 모색한 뒤 퇴출기준을 적용해야 한다"고 말했다.

조영완 하나로통신 이사는 "인위적인 퇴출기준이 자칫 투자분위기를 해칠 수 있다"는 데 무게를 뒀다.

코스닥시장은 등록 후 사업정상화까지 1~2년 정도 소요되는 기업이 상당수 포함돼 있기 때문에 투자회수단계에 있는 기업들과 같은 잣대로 비교할 수 없다는 점도 강조했다.

이와 관련해 이상훈 맥킨지 파트너는 "증시 정책담당자들이 국내 경제환경 등을 이유로 퇴출기준 강화에 소극적인 자세를 보이는 것은 국내 주식시장의 저평가 현상을 그대로 방치하자는 것과 다름없다"며 "주주 이익이 심각하게 파괴되기 전에 이들 상장·등록기업에 주주 중시 경영을 할 수 있도록 압력을 가해야 한다"고 말했다.

투자자에 수익 안겨줘라

매일경제와 맥킨지는 2000년 5월 공동 발표한 '비전 코리아 2010'에서 이자보상배율(ICR)에 따른 퇴출기준을 점진적으로 강화하자고 제안한 바 있다.

ICR를 통해 기업 수익을 제고해야 은행들이 안고 있는 '잠재 부실' 문제가 해결되기 때문이다.

이에 따라 정부와 은행에서 이자보상배율을 대출과 부실기업 퇴출심사 기준으로 도입하자 기업들은 곧바로 이자보상배율을 높이기 위한 움직임을 보이기 시작했다.

미래 현금흐름이 허용하는 수준까지 부채수준을 떨어뜨리기 위해 대규모로 사업이나 자산을 매각하고 구매나 운영효율 등 수익에 즉각적으로 영향을 미치는 경영요소를 개선하려는 기업이 늘고 있다.

이제는 이자비용만큼도 수익을 내지 못하고 살아남을 수 있다고 생각하는 기업은 찾아보기 힘들 정도로 이자보상배율이라는 개념이 뿌리를 내리고 있다.

그러나 우리나라 증시가 활성화하려면 우리 기업들이 간신히 은행이자만 감당하는 '턱걸이 기업' 수준에 머물러서는 안된다. 적절한 위험을 감수하면서 기업 주식에 투자한 투자가들에게 은행이자 이상으로 수익을 보장해주지 못하는 기업들에 대한 시장감시와 규제기능을 강화하자는 것이 이번 제안의 골자다.

즉 여신과 퇴출기준으로 이자보상배율이라는 개념을 도입했듯이 주식시장 퇴출기준으로 TRS라는 개념을 도입함으로써 우리는 우리 기업들이 주주 권익 보호에 보다 적극적으로 나서고 기업 수익력 증대에 한층 더 노력할 수 있는 계기가 마련될 것을 기대한다.

양만금 mkyang@mk.co.kr

낙하산 은행인사 말아야

블룸버그뉴스는 2001년 손성원 웰스파고은행 수석 부행장을 거시경제 전망을 잘하는 이코노미스트 5명 가운데 한 사람으로 선정했다. 손 부행장에게서 올 세계 경제와 한국 경제 전망을 들어 봤다.

2002년 미국 경제를 어떻게 전망하나.

▶한마디로 매우 밝다. 마이너스 성장에서 벗어나 1분기에는 0% 성장 또는 약간 플러스 성장까지 기대된다. 소비지출이 늘어나면서 소득도 증가할 것으로 본다.

특히 하반기 경제를 밝게 보고 있다. 연방준비제도 이사회가 펼치는 저금리 정책과 낮은 국제 유가, 부시 행정부가 내놓은 부양책 등이 경기를 급격히 끌어올릴 것으로 전망한다.

그렇다면 이제는 경기 침체에서 벗어났다고 보는가.

▶거의 그렇다고 볼 수 있다. 미국 경제가 가장 나빴던 것은 지난 4분기로 분석된다. 테러사태 영향으로 가뜩이나 침체에 빠졌던 경제가 더욱 타격을 받았기 때문이다. 지난해 4분기 성장률은 -2% 정도로 추정하고 있다.

추가 금리 인하 가능성도 있는가.

▶한번 정도 더 내릴 가능성이 있다. 실업률은 후행성 때문에 4~5월까지는 계속 올라갈 것으로 본다. 올해 실업률은 6.2~6.3% 정도로 예상하고 있다. 이 때문에 당분간 저금리 국면이 유지될 것으로 본다.

증시 전망은 밝은가.

▶미국 증시는 9월 21일 바닥을 확인한 후 상당 기간 강세장을 유지했지만 앞으로도 소폭 상승할 가능성은 남아 있다. 2조달러를 넘는 자금이 새로운 투자처를 기다리고 있다. 올해 스탠더드 앤드 푸어스(S&P)500 기업 이익은 20~30% 정도 상승할 것으로 예상하고 있다.

다만 경제외적 변수가 많이 남아 있기 때문에 시장이 격동을 치를 가능성은 항상 있다.

일반적으로 경기회복보다 실적회복이 지연된다고 하는데 실적을 낙관적으로 평가하는 이유는.

▶대규모 해고를 단행하면서 지난해에는 해고비용이 많이 들어 이익이 더 크게 줄었지만 올해는 이것이 이익으로 작용할 가능성이 매우 높다. 아울러 지난해 이익이 적었던 만큼 상대적으로 올해는 이익이 조금만 늘어도 성장률이 높게 나타난다.

올해 유럽 경제 전망은 밝은가.

▶유럽 경제는 아직도 악화되는 과정이다. 경기가 위축되면서 수출입이 동시에 저조한 상태에 머물러 있다.

특히 유럽 경제에서 3분의 1을 차지하는 독일 경제가 수출입 부진으로 퇴보하는 양상을 보이고 있다. 과거 독일은 동독 건설에 많은 지출을 하면서 경제성장을 이뤘으나 이제는 건설도 끝나 성장률이 낮아지고 있다. 특히 독일은 세계경기 위축으로 중장비 수출이 타격받고 있다.

해외 CEO에게 듣는다

일본에 대해 부정적인 소식이 잇달아 나오고 있다.

▶일본 경제는 사면초가에 놓여 있고 앞으로도 좋아질 가능성이 별로 없다. 경제는 제한된 자원을 배분해 효율을 찾아야 하는데 일본은 미국처럼 시장경제가 미비해 돈 낭비가 심하다.

은행부문 문제도 크다. 미국은 상업은행 비중이 25% 정도에 불과한데 일본은 80~85%에 달한다. 이들 은행이 기업에 돈을 빌려주지 않고 있다.

개인들도 경제가 나쁘다고 돈을 쓰지 않고 무조건 저축만 하려고 한다.

기본적으로 희망이 없다는 얘기인가.

▶문제는 구조적인 데서 비롯됐는데 아직도 개혁할 생각을 하지 않고 있다. 고이즈미 정부가 개혁을 하려고 해도 자민당이 지지하지 않고 있다. 이런 상황에서는 일본 경제가 계속 퇴보할 수밖에 없을 것이다. 일본 경제는 구조를 바꿔야만 살아날 수 있을 것이다.

한국 경제는 어떨 것으로 전망하나.

▶한국은 일본에 비해 상대적으로 많은 개혁을 했다. 내수도 활발하고 이자율도 낮기 때문에 미국 경기만 회복된다면 잘될 것으로 본다. 주가가 상당히 회복됐고 국제 유가도 낮아 많은 도움을 받을 것으로 본다.

최근 실리콘밸리에 있는 기업 경영진을 만나봤는데 모두 최악 상황은 지났다고 말했다. 반도체 주문이 늘어나기 시작하고 값도 상승세를 보인다고 했다. 특히 반도체는 PC뿐 아니라 자동차 전화 등으로 수요가 꾸준히 확산될 것으로 판단한다.

전반적으로 한국 경제는 낙관적이라는 얘기인가.

▶밝게 보지만 해야 할 일이 너무 많다고 지적하고 싶다.

한국은 아직도 외국인 투자를 더 많이 유치해야 하지만 불확실성이 커 직접투자가 크게 늘어나지 않고 있다. 우선 올해 양대 선거에서 누가 승리할지, 선거를 앞두고 개혁이 지연되지 않을지 염려하고 있기 때문이다. 북한과 관련해서도 미국 사람들은 걱정하는 점이 있다.

현재 한국 경제가 안고 있는 문제점은 무엇인가.

▶금융부문 문제점을 지적하고 싶다. 경제가 제대로 돌아가게 하려면 은행들이 잘 해야 하는데 현재 그렇지 못하다. 은행 경영에서 가장 중요한 것은 유능한 경영자를 선발하는 일이다. 은행장을 수시로 바꾸고 관리들이 계속 은행장으로 들어오는 현실에서 결과는 뻔한 것이다. 지점장들을 수시로 바꾸는 것도 마찬가지다.

중국이 세계무역기구(WTO)에 가입했다. 한국에는 어떠한 영향을 미치겠는가.

▶미국 관점에서 본다면 국외투자 기회는 무수히 많다. 과거 중국이 발달하지 않았을 때는 한국이 우선대상이 될 수 있었지만 WTO에 가입한 이상 중국이 우선 투자대상으로 떠오르는 것은 당연하다.

달러와 엔화 가치에 대한 전망은.

▶달러화나 유로화는 상대적으로 안정 또는 강세를 유지할 것으로 내다보고 있다.

손성원 웰스파고은행 수석 부행장

국제 분쟁이 늘어날수록 자금은 미국으로 몰린다. 아울러 미국 경기가 빠르게 회복되고 있다. 달러화는 당분간 강세를 유지할 것이다.

유럽지역도 상대적으로 경제가 안정을 유지했던 만큼 환율이 크게 변하지 않을 것으로 본다.

일본 엔화 가치는 계속 내려갈 것으로 예상하고 있다. 현재로서는 달러당 135엔까지 예상해야 할 것이다.

원화도 약세로 전망하는가.

▶엔화가 약세를 보이면 아시아 각국이 따라서 평가절하를 해야 한다고 얘기하지만 예외도 있다. 미국 경기 회복으로 한국 수출이 늘어나고 외국인 투자가 늘어난다면 원화는 안정을 유지할 수도 있다. 특히 한국 주식시장은 변동성이 크기 때문에 투기적 투자자들에게는 최상 시장이다.

엔화 약세가 일본 경제 디플레이션을 전세계로 확산시킬 위험이 있다는 지적이 잇달아 나오고 있다.

▶국제적 디플레이션은 일어나지 않는다고 보는 것이 타당할 것이다. 물론 단기적(약 6개월 정도) 디플레이션이 일어날 수는 있다. 그렇지만 장기적으로 디플레이션이 지속될 수는 없다.

손성원 수석 부행장 약력
– 하버드 비즈니스스쿨 수료
– 펜실베이니아주립대 교수
– 대통령 경제자문위원단 선임 이코노미스트
– 노스웨스트 뱅크 수석 이코노미스트(74~98년)
– 웰스파고은행 수석 부행장(2001년 6월~현재)

은행점포를 햄버거가게처럼

커머스뱅코프는 '작지만 미국에서 가장 편리한 은행'으로 인정받고 있다. 일요일에도 영업을 하고 특이한 점포 설계로 월스트리트저널이나 CNBC 등 주요 언론에서도 자주 거론되고 있다. 73년 뉴저지 남부 시골마을인 말튼타운에서 점포 하나에 직원 9명으로 시작해 지금은 뉴저지와 펜실베이니아 델라웨어 뉴욕 등에 점포 185개와 직원 6000여 명을 두고 있다.

지주회사인 커머스뱅코프를 중심으로 은행부문은 뉴저지, 펜실베이니아, 쇼어, 중부, 델라웨어 등 지역별 자회사 형태로 나눠 관리 효율성을 높이고 있다. 커머스보험 등 자산관리 자회사도 다수 있다. 창업자이자 CEO인 버논 힐 2세 회장 겸 사장에게서 커머스뱅코프 경영에 대해 들어봤다.

커머스뱅코프 점포들을 보면 한결같이 은행이라고 하기보다는 상점, 특히 햄버거 가게란 느낌을 주고 있다. 왜 그렇게 만들었고 누가 고안했나.

▶고객에게 친근감을 주려고 했다. 우리는 홈데포 월마트 스타벅스 등 전국적인 영업망을 가진 가장 강력한 소매점들을 모델로 삼아 회사를 발전시켰다. 우리는 금융서비스를 팔고 있다는 점이 다를 뿐이다.

점포 디자인은 아내가 했다. 아내는 디자인 회사인 인터아트를 운영하고 있어 요구에 맞는 점포를 만들어냈다.

성장 비결은.

▶우리는 질 좋은 금융서비스를 하겠다는 이념을 갖고 시작했다. 이 이념을 뒷받침하기 위해 이용 가능한 모든 수단과 방법을 동원했다. 기반이 약했던 우리는 다른 은행에 불만을 가진 고객들을 끌어들이는 데서부터 출발했다. 이후 독자적이면서도 매우 성공적인 소매금융 모델을 개발했고 이것이 극적인 성공을 가져다 줬다.

후발주자로서 다른 은행과 차이점이 있다면.

▶커머스뱅코프가 성공하게 된 가장 핵심적 요인은 독자적 기업전략을 갖고 있었다는 것이다. 우리는 미국에서 가장 선도적인 전문기업, 특히 소비자에 초점을 둔 소매전문 금융기관을 만들고자 했다.

좀더 구체적으로 설명해 달라.

▶은행 가치는 핵심적인 고객의 예금을 얼마나 많이 바닥에 깔고 있느냐에 달려 있고 이것이 은행의 성공

작지만 가장 편리한 은행 지향

을 결정한다고 믿고 있다. 다른 은행들이 점포를 닫고 근무시간을 단축하며 서비스를 줄일 때 우리는 공격적으로 점포들을 열었고 예금을 끌어모았다. 우리 예금증가율은 최근 10년 동안 연평균 25%나 된다.

어떤 점포 전략을 갖고 있나.

▶뉴저지 중심이던 회사에서 다른 주로 진출하고 있다. 지금까지 전형적인 패턴은 구식 영업을 하는 은행들이 외부 기반을 바탕으로 뉴저지로 들어오는 것이었다. 우리는 뉴저지에서 29년 동안, 펜실베이니아에서 17년 동안 영업했다. 여기서 성공한 것을 바탕으로 99년 델라웨어에 진출했고 이제는 뉴욕이라는 새로운 지역으로 나가는 것이다.

커머스뱅코프 강점은 무엇인가.

▶특히 소매부문에 강점을 갖고 있다. 임직원 모두 한 단계 높은 서비스와 편안함을 제공하는 것이 이 영업에서 얼마나 중요한지를 잘 알고 있다. '미국에서 가장 편리한 은행'이란 구호처럼 커머스뱅코프는 고객들에게 다르게 보이고, 다르게 느껴지며, 진짜로 다른 은행업무를 경험하도록 할 것이다.

구체적으로 어떤 점에서 편리하다는 것인가.

▶우리는 일요일에도 문을 열고 평일에는 보다 오랜 시간 영업을 한다. 모든 점포가 주중에는 오후 8시까지, 토요일에는 오후 6시까지 영업한다. 일요일에는 오전 11시부터 오후 4시까지 문을 여는 것이 원칙이다. 24시간 텔레뱅킹 서비스는 물론이고 인터넷을 통한 금융거래도 하고 있다. 고객들에게 편안한 느낌

을 주도록 노력하는 것은 기본이고 잔액 100달러만 유지하면 무료로 수표계좌를 열어주며 50세 이상 고객에게는 잔액에 관계없이 수표계좌를 내주는 50플러스클럽도 운영하고 있다.

4 자유무역협정 체결하자

자유무역협정(FTA) 적극 나서자

FTA 체결 건수와 누계

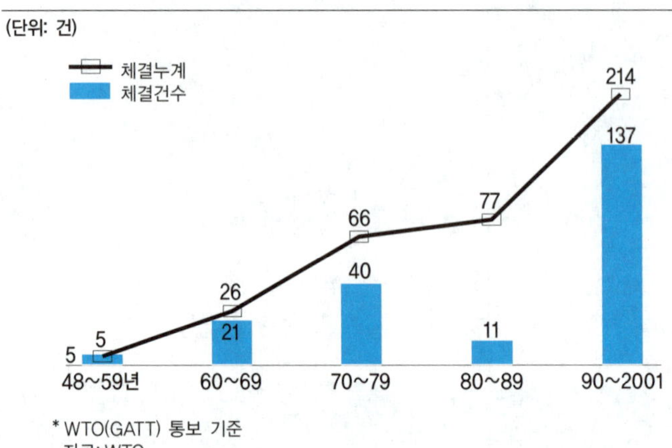

* WTO(GATT) 통보 기준
자료: WTO

전세계 FTA 214건, 한국은 0.

'세계 열강이 문호를 개방하라는 요구에 조선은 쇄국정책으로 맞서고…'

급변하는 세계정세 흐름을 제대로 읽지 못해 국가가 몰락했던 구한말과 비슷한 상황이 재연되고 있다.

전세계가 자국 이익을 극대화하기 위해 자유무역협정(FTA) 체결에 열을 올리고 있는 지금 유독 우리만 '동아리' 시대 아웃사이더로 뒤처져 있다.

다만 달라진 상황이 있다면 100년 전에는 우리처럼 폐쇄적인 태도로 일관했던 중국이 2001년 11월 동남아국가연합(ASEAN)과 FTA를 체결한다고 선언하고 적극적으로 뛰고 있다는 점이다.

동남아 시장에서 중국에 주도권을 빼앗긴 일본은 싱가포르와 FTA를 체결했으며 미국은 캐나다, 멕시코 등과 북미자유무역협정(NAFTA)을 체결한 데 이어 미주 34개국을 포괄하는 미주자유무역협정(FTAA) 체결을 추진하고 있다.

　이런 식으로 가다가는 한국은 세계무역기구(WTO) 144개 회원국 가운데 FTA를 체결하지 않은 희귀한 국가로 남을지도 모른다. 실제로 2001년 말 현재 WTO에 통보된 지역자유무역협정은 모두 214건. 한국은 물론 '제로' 다.

　통상전문가들은 우리가 FTA를 체결하지 못하는 가장 큰 이유로 농업을 꼽는다. 농업부문 국제경쟁력이 낮고 제대로 된 농업정책을 추진하지 못한 것이 개방적인 통상정책을 수행하는 데 걸림돌이 된다는 것이다.

　정인교 대외경제정책연구원(KIEP) FTA팀장은 "농림부가 말로만 국제경쟁력이 낮음을 인정할 뿐 경쟁력을 높이기 위한 전략이나 구조개혁 방안을 내놓기보다는 방어적인 태도로 일관하면서 FTA 추진이 난항을 겪고 있다"고 비판했다.

　절박한 생존문제를 내걸고 대규모 시위를 벌이는 농민들 요구를 정확한 원칙이나 철학도 없이 적당히 수용하고 넘어가는 정치권의 리더십 부재도 문제다. 정부 부처간 정책조율이 미흡한 것도 FTA 추진이 번번이 벽에 부딪치게 된 이유다. 지금과 같은 정부체계로는 FTA정책을 총괄하고 있는 통상교섭본부와 농림부가 갈등을 빚을 때 이를 조정해 줄 책임있는 상위기관이 없다.

　더 큰 문제는 신뢰성 상실이다. 정부 내에서도 통상교섭본부와 농림부가 서로 불신하고 농민단체는 정부를 불신하는 상황에서는 세월이 흘러도 그다지 달라질 게 없을 것으로 염려한다. 전문가들은 이러한 문제를 해결하고 조속한 시일 안에 FTA를 체결하려면 농업부문과 여타 부문간 갈등을 조정할 시스템 구축, 농가소득 보조금 확대, 농업문제에 대한 정치적 해결 자제, 정치권과 정부의 일관성 있는 리더십 발휘, FTA로 타격을 입을 분야를 위한 통상펀드 신설 등을 제안했다.

NAFTA 사례로 본 '동아리 효과'

FTA란

자유무역협정(FTA:Free Trade Agreements)이란 회원국간 관세를 철폐해 자유로운 무역을 하자는 국가간 협정이다. FTA를 자유무역지대(Free Trade Area)로 해석하는 사람도 있으나 자유무역지대는 관세자유지대(Customs Free Area)를 의미하기도 하므로 되도록이면 자유무역협정으로 표시하는 것이 혼동을 막을 수 있다고 많은 무역학자들은 지적한다.

FTA가 최근 현안으로 떠오르는 것은 WTO에 대한 회의감 때문이다. WTO는 전세계 144개국이 참여하는 다자간 무역체제로 만장일치제도를 채택하고 있기 때문에 회원국간 합의 도출이 어렵고 통상장벽이나 협상마찰로 자유무역을 위한 제 기능을 발휘하지 못하고 있다. 이러한 WTO의 한계를 극복하고 안정적인 수출시장을 확보할 수 있는 대안으로서 갈수록 많은 국가가 FTA를 선호한다.

자유무역협정을 체결하면 경제에 어떤 효과가 있나. 경제효과를 가장 극적으로 보여주는 사례가 미국, 멕시코, 캐나다가 체결한 북미자유무역협정(NAFTA)이다. 미국 무역대표부가 최근 발표한 성적표에 따르면 94년 협정을 체결하기 전인 93년에 비해 2000년에는 멕시코의 북미지역 수출과 캐나다와 미국간 역내수출이 각각 2배 정도 증가했다.

멕시코는 NAFTA 체결 전 455억6000만달러에 불과하던 북미지역 수출액이 2000년에는 2.4배 가량 늘어난 1540억달러를 기록했다. 이 같은 수출증가는 이 기간에 전체 멕시코 국내총생산(GDP) 증가 대비 50%에 해당하는 것이다. 특히 98년부터는 멕시코가 일본을 제치고 미국의 2대 교역국으로 부상했다.

이는 NAFTA의 역외국가에 대한 차별로 미국-아시아간 섬유·자동차 부문 교역 중 상당 부분이 미국-멕시코간 교역으로 전환됐기 때문이다.

멕시코 상품의 미국 수입시장 점유율은 93년 6.9%에서 99년 10.8%로 껑충 뛰었다. 이 기간에 멕시코 고용창출 효과는 270만명. 물론 신규 일자리 창출이 모두 NAFTA 체결로 인해 생겼다고 말할 수는 없지만 수출 증대가 고용창출에 직접적인 영향을 준 것만은 확실하다.

협정 체결 당시 미국 기업이 대거 진입함에 따라 미국의 경제 속국이 될 것이란 염려가 지배적이었으나 멕시코 주요 기업들은 미국 경제에서 국제화 교훈을 얻고 적극적으로 대응해 성장세를 이어가고 있다.

캐나다도 NAFTA를 통해 수출확대로 인한 신규 고용창출이라는 두 마리 토끼를 잡았다.

93년 캐나다가 미국과 멕시코에 수출한 금액은 1120억달러에 그쳤으나 2000년에는 2350억달러로 109% 늘었다. 같은 기간에 미국, 멕시코 외에 다른 국가에 대한 수출증가율이 29%에 그친 것과 비교하면 NAFTA 효과를 한눈에 알 수 있다. 같은 기간 캐나다에는 새로운 일자리 210만개(증가율 16%)가 생겼다.

미국은 93년 멕시코, 캐나다에 1418억달러어치를 수출했으나 2000년에는 2881억달러로 103% 가량 증가했다. 이 기간에 미국에는 새로운 일자리가 1500만개 늘어나 12%의 고용증대 효과를 가져왔다.

또 NAFTA 체결은 멕시코가 외국인 투자유치 강국으로 재부상하는 계기가 됐다.

멕시코에 대한 외국인 직접투자(FDI)는 NAFTA 체결 전에는 연 40억달러에 지나지 않았으나 NAFTA 협상이 시작된 91년부터 급격한 증가세를 보여 발효 첫해인 94년 100억달러를 돌파한 이래 지금까지 평균 100억달러를 유지하고 있다.

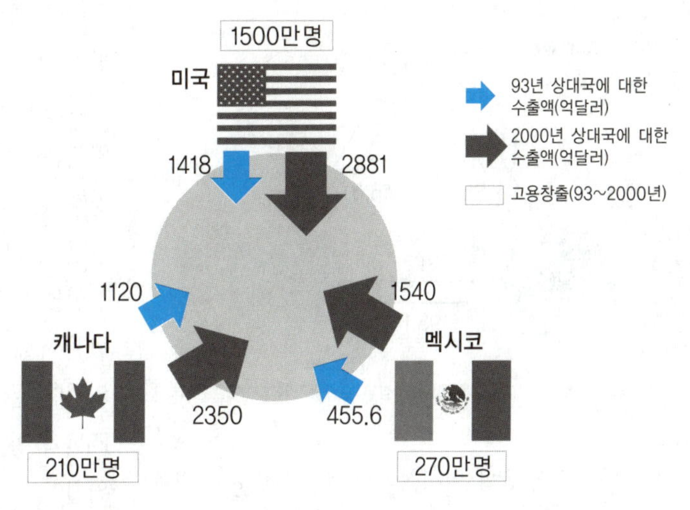

NAFTA 체결의 경제적 효과

자료: 미 무역대표부, 대외경제정책연구원

캐나다에 대한 미국인 직접투자가 전체에서 차지하는 비중은 94년 8.3%에서 꾸준히 증가해 99년에는 10.3%로 늘었다. NAFTA 체결로 인해 미국-캐나다간 같은 종류의 상품이 수출입되는 산업 내 무역(Intra-Industry Trade)도 확대됐다.

미국과 캐나다는 기술과 산업발전 수준이 비슷해 마치 한 경제체제에 속한 것처럼 경제관계가 긴밀해지자 동종산업간 보완성이 커졌고 산업 내 무역 증가로 대외경쟁력도 높아졌다.

그러나 일부 학자는 NAFTA 그늘에 대해서도 지적한다. 미국과 캐나다, 멕시코 모두 경쟁력을 갖추지 못한 기업이나 근로자는 문을 닫거나 실질임금이 하락하는 어려움을 겪었다고 설명한다.

한·중·일 FTA 만들자

한·중·일 FTA의 수출 증대효과

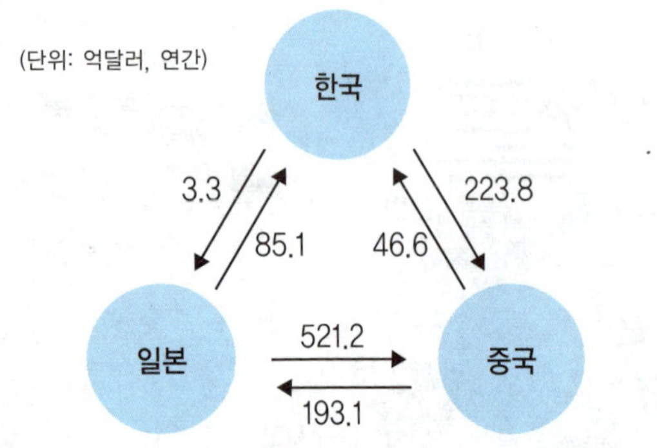

* 3개국이 역내 관세를 모두 철폐할 경우 수출증가액 1,073억달러
자료: KIEP

한국과 일본, 중국 정치지도자들이 필요성을 역설하고 민간기업까지 가세하면서 동북아 지역 FTA 체결이 현실로 다가오고 있다. 주룽지 중국 총리는 2000년 아세안+3회의에서 중국·아세안FTA를 추진하겠다고 선언했으며 김대중 대통령과 고이즈미 준이치로 일본 총리도 동아시아FTA에 적극적인 의지를 표명했다.

한·일 산업계는 2002년 1월 일본 도쿄에서 '한·일 FTA 2차 비즈니스포럼'을 열고 FTA 실현을 위해 양국 정부가 협의를 시작할 것을 촉구했다. 이창재 KIEP 동북아연구개발센터 소장은 "지금 우리나라는 한·중·일 FTA를 비롯해 동북아 통상전략을 짜야 한다"고 제안했다.

전문가들은 우리 경제에 보탬이 되는 FTA파트너를 일본, 미국, 중국, 아세안 순으로 꼽는다. 한·일 FTA가 이뤄지면 그 동안 양국 기업들이 주력산업에 중복투자함으로써 외국시장에서 빚어진 과당경쟁으로 인한 손실을 줄일 수 있다는 것이다.

일본총리실은 한·일 FTA가 체결되면 우리나라와 일본은 각각 36억8000만달러, 21억8000만달러씩 경제적 이득을 누릴 것으로 분석해 우리측 이득이 더 많았다. 그러나 일본과 FTA를 추진하는 데 가장 큰 걸림돌은 과거사 문제. 아직도 일제 치하에서 고통을 당한 세대가 생존해 있기 때문에 한·일 FTA는 경제 외적인 문제에 좌우될 가능성이 높다. 만일 한·일 FTA가 성공한다면 중국을 끌어들이는 것은 더욱 쉬워진다.

중국은 동북아지역 주도권을 확보하기 위해 일본과 자존심 대결을 벌이고 있지만 한·일 FTA가 성사되면 경제적 손실을 최소화하기 위해 합류할 것이라는 설명도 나왔다. 정인교 KIEP FTA팀장은 "한·중·일 3국 FTA가 체결되면 우리나라가 중국·일본으로 수출하는 액수는 지금보다 227억달러(연간) 늘어난다"고 분석했다.

정 팀장은 "수출이 우리나라 국내총생산(GDP)에서 차지하는 비중은 무려 50% 이상"이라며 "인근 국가끼리 FTA를 체결하고 우리만 외톨이가 됐을 때 입게 될 기회손실을 고려해 FTA 체결에 적극 나서야 한다"고 촉구했다. 일본총리실은 "한국을 제외한 채 일본과 중국이 FTA를 체결한다면 한국이 입는 무역 손실은 12억달러를 넘을 것"이라고 예상했다.

외국에서는 '한국=농업국' 인식

"한국이 농업국입니까."

2001년 11월 카타르 도하에서 열린 세계무역기구(WTO) 제4차 각료회의에서 수파차이 파니치팍디 WTO 차기 사무총장이 한국 기자에게 던진 첫 질문이다.

수파차이 차기 사무총장은 "한국은 공업과 서비스업이 발달한 만큼 농업만을 봐서는 안되고 전체 산업계에 가장 이득을 많이 줄 수 있는 통상정책을 펴야 한다"고 말했다. 그는 "지난 10년 동안 농산물시장 개방을 통해 국제경쟁력을 상당한 수준까지 끌어올린 중국 사례를 참고해야 할 것"이라고 말했다.

86년 우루과이라운드가 시작된 이래 농산물시장 개방은 우리 통상문제에서 아킬레스건이 됐다.

그 동안 우리 농산물시장을 보호하기 위해 지불한 대가는 너무 컸다. 자유무역협정(FTA) 회의나 WTO 협상이 열리면 우리 협상팀은 농산물시장 개방을 유보하거나 최소화하기 위해 모든 협상력을 집중했다. 당연히 농업을 지키는 대신 다른 분야를 양보해야 했다.

송유철 대외경제정책연구원 박사는 "92년부터 99년까지 농업분야에 투입한 정부보조금만 무려 59조

양만금 mkyang@mk.co.kr

6493억원에 달한다"고 밝혔다. 이에 비해 쌀을 비롯해 보리, 참깨 등 국내 생산량이 많은 상위 12개 농산물 수입관세를 모두 철폐하고 수입에 의존할 때 우리 농민이 입을 피해액은 6조9516억원에 불과하다고 분석했다.

그러나 이제는 이러한 방법으로도 우리 농업을 보호할 수 없는 상황에 직면했다. 세계 각국의 우리 농산물시장 개방에 대한 요구가 너무 거세고 우리가 국제무대에서 약속한 시한도 다가왔다. 당장 2004년 말까지는 쌀 관세화 유예조치를 폐지해야 한다.

전문가들은 FTA를 체결하면서 우리 농민에게 소득을 보전해 주는 방법으로 무역자유화기금 신설, 농

가 소득보조금 확대, 수출유망 농산물 20개 집중 육성, 농민에게 시장개방 불가피성 홍보 강화, 정부와 정치권의 일관성 있는 리더십 발휘 등을 제안했다.

"네가 ○○○ 맞아? 우리 농업을 다 죽일 생각이냐."

국책연구기관에서 효과적인 FTA 체결방안을 고민하고 전략을 짜느라 밤새워 고생하는 모 박사는 일주일에도 몇 차례씩 이런 협박전화에 시달린다. 외교통상부에서 FTA업무를 처리하는 관련부서에는 우리 농산물시장 개방에 반대한다는 팩스가 하루가 멀다 하고 날아든다. 이는 FTA를 비롯한 시장개방에 대한 농업분야와 비농업분야간 갈등의 단면을 보여주는 것이다. 많은 통상전문가는 우리나라가 아직까지 FTA를 한 건도 성사시키지 못한 것은 농업 때문이라고 지적한다.

정인교 대외경제정책연구원(KIEP) 박사는 농업부문의 낮은 경쟁력, 농업정책 부재, FTA 지지세력 미약, FTA에 대한 인식부족 등을 걸림돌로 들었다. 우리나라 농업은 지나치게 보호를 받은 데다 농산물 중 많은 품목이 국제경쟁력을 상실해 '농산물시장 개방=농업 몰락' 이라는 인식이 팽배하다는 설명이다. 심지어 농림부는 한·칠레 FTA협상을 위한 정부 부처간 협의나 회의 때 무성의한 태도로 일관해 관련부처 공무원들에게서 원성을 사기도 했다.

양수길 한국무역협회 객원연구원은 "농업을 다각화·다양화해 시장개방이라는 파도를 넘도록 농민들

우리 농산물 보호비용

농가피해액 (상위 12개 품목 관세 철폐시)
6조 9,516억원

정부보조금 누계 (92~99년 농업분야)
59조 6,493억원

자료: KIEP

에게 분명한 비전을 제시하지 못한 농업정책 담당자들에게 큰 책임이 있다"고 말했다. 농업문제를 정치적으로만 해결하려는 정치권에도 책임이 있다. 아무리 합리적인 안이라도 대규모 시위 앞에서는 백지화하기 일쑤다. 게다가 농업 등 시장개방에 취약한 산업을 대표하는 목소리는 큰 반면 FTA 체결로 이득을 볼 수 있는 업계(예를 들어 제조업)는 모든 것을 정부에 맡기고 뒷짐만 지고 있는 태도를 보여왔다는 설명이다.

다만 최근 전경련과 무역협회 등 경제단체들이 FTA에 대한 지지의사를 표명하며 한·일 FTA 체결을 위해 민간 차원에서 적극 나서는 것은 달라진 모습이다. 정부 부처 내에서도 FTA에 대한 정책조율이 이뤄지지 못하고 삐걱거리는 것도 문제다. 통상교섭본부가 FTA정책을 담당하고 있기는 하지만 농업분야는 농림부가 개방할 품목이나 범위 등을 정하므로 농림부가 극단적인 태도를 고수한다면 협상은 벽에 부딪치게 마련이다.

팽팽한 대립

"칠레와 FTA를 체결함으로써 피해를 입을 농민들에게 보상해 주는 것은 다른 산업과 형평성에 어긋나 곤란하다." (외교통상부 관계자)

"한·칠레간 FTA 체결을 반대하지는 않으나 농산물은 예외품목으로 해야 한다." (농림부 관계자)

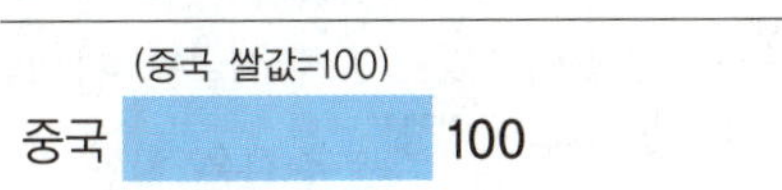

우리 쌀 국제경쟁력

자료: 재경부

양측 주장은 한·칠레 FTA가 처음 추진된 99년부터 지금까지 변함이 없다. 그러나 국내 농산물시장을 개방하고 다른 나라와 FTA를 맺어 경제적인 이익을 극대화하는 것은 거스를 수 없는 대세다. 경제전문가들은 대외통상을 담당하는 외교통상부는 물론 농림부와 농민단체 등 생산자 부문, 기획예산처, 산업자원부 모두 불신과 반목을 떨쳐버리고 해결책을 짜낼 것을 주문한다.

전문가들은 조속한 시일 안에 FTA를 체결하려면 예산당국과 산업자원부, 외교통상부가 무역자유화기금 신설 , 농가소득 보조금 확대 등을 추진해야 한다고 제안한다. 또 농림부에는 현재 구상하고 있는 '신농업발전방안' 조기 실시, 농민들의 국제경쟁력 확보방안 마련, 수출유망 농산품을 20가지 이상 선정해 수출확대 유도, 시장개방 불가피성을 농민들에게 적극적으로 홍보할 것을 요구했다.

정부와 정치권, 국민들이 해야 할 과제로는 농업부문과 비농업부문간 갈등을 조정할 시스템 구축, 농업문제에 대한 정치적 해결 자제, 정부와 정치권의 일관성 있는 리더십 발휘를 꼽았다. 통상전문가들은 무역자유화기금 필요성을 제기한다.

최낙균 대외경제정책연구원(KIEP) 무역투자실장은 "시장개방과 무역자유화를 추진하다 보면 손해를 보는 부문이나 계층이 필연적으로 나올 수밖에 없다"며 "시장개방으로 이득을 보는 계층과 정부가 낸 재원으로 무역자유화기금을 만들어 손해를 보는 계층을 도와줘야 한다"고 주장했다. 시장을 개방하되 이를 통해 얻는 이득 중 일부를 손해보는 분야에 환원하자는 설명이다.

박진달 한국무역협회 기획조사팀장은 "미국 정부가 활용했던 TAA(Trade Adjustment Assist) 프로그램을 우리도 도입하는 방안을 고려할 때"라고 제안했다. TAA는 90년대 초 캐나다, 멕시코와 함께 NAFTA를 추진할 때 도입했던 미국 정부가 재원을 댄 일종의 구조조정 펀드다. 미국 산업구조가 바뀌고 이로 인해 다른 분야에서 피해자가 발생하자 정부는 이 프로그램을 만들어 전직훈련을 도왔다.

농민지원제도도 근본적으로 방향이 바뀌어야 한다고 전문가들은 입을 모은다. 지금과 같은 쌀수매제도처럼 농산물 생산량을 증대하는 정책보다는 WTO에서 인정하는 농가소득 직접 보전정책으로 전환해야 한다는 것. 민승규 삼성경제연구소 박사는 "프랑스

한국 관련 WTO 주요 농산물분쟁

제소국	피소국	제소일	제소대상	결과
미국	한국	95. 4. 6	수입농산물 검사 · 검역제도	협의 진행중*
미국	한국	95. 5. 3	식품 유통기한	합의 종료
캐나다	한국	95. 11. 8	먹는 샘물 수입제도	합의 종료
미국	한국	96. 5. 24	수입농산물 검사 · 검역 제도	협의 진행중*
E U	한국	97. 8. 12	혼합분유 세이프가드 조치	패소
미국	한국	99. 2. 1	쇠고기 수입제도	패소
호주	한국	99. 4. 13	쇠고기 수입제도	패소

* 양자 합의를 통해 사실상 분쟁이 종료됐지만 미국이 제소를 철회하지 않아 공식적으로는 양자협의가 진행중임
자료: 대외경제정책연구원

는 농업예산 70%를 농민 소득을 직접 지원하는 데 쓰고 있다”며 “우리도 이러한 방향으로 농민지원제도를 바꿔야 한다”고 말했다.

이런 점에서 정부가 2001년 ha당 20만~25만원 지급하던 논농사 직불제도 단가를 2002년부터는 40만~50만원으로 대폭 확대한 것은 고무적인 일이다.

농림부가 쌀 생산량을 줄이기 위해 전작과 다른 작물 재배를 유도하고 농지 전용과 취득을 확대하는 것을 주요 내용으로 한 ‘신농업발전방안’을 조기에 실시하는 것도 필요하다. 2001년 한국과 중국간에 발생한 마늘분쟁 해결방식에서 힌트를 얻어 FTA를 추진할 때 손해보는 분야를 지원하자는 의견도 나왔다. 예를 들어 한 · 칠레 FTA가 체결돼 대칠레 수출물량이 늘어난 업계에서 손해를 보는 포도농가 등을 지원하자는 설명이다.

사후적으로 관련농가가 피해를 보는 금액을 산정해 이를 보전해 준다고 정부가 나서서 약속하면 FTA 추진은 훨씬 쉬워질 것이 확실하다. 계속 이를 보전해주는 것이 곤란하다고 판단되면 10년 또는 15년 시한을 정해 재배품목 전환 등을 유도하면서 점진적으로 줄여나가는 방법도 생각해 볼 수 있다. 물론 마늘분쟁은 정부의 잘못된 협상결과 중국산 마늘을 의무적으로 들여와야 했다는 점에서 한 · 칠레 FTA와 상황이 다르지만 양국간 교역을 통해 이득을 보는 쪽이 손실을 입는 쪽을 보상하는 원리는 비슷하다.

우리 농산물 수출을 늘릴 수 있는 실제적인 방안을 마련해야 한다는 주장도 제기됐다.

정인교 KIEP FTA연구팀장은 “수출이 유망한 농산물을 20종류 가량 선정해 집중적으로 육성하는 등 지금까지 방어적이었던 태도에서 벗어나 적극적으로 외국시장을 공략하는 정책을 추진할 것”을 주문했다.

이 밖에 농민에게 시장개방 불가피성을 적극적으로 홍보해 농민 스스로 자생력을 키울 수 있도록 해야 한다는 주장과 농업과 비농업부문간 갈등을 조정할 시스템을 구축하는 노력도 기울여야 한다는 주문도 나왔다.

민승규 삼성경제연구소 박사는 “무엇보다 정치권은 농업문제를 정치적인 타협으로 해결해 온 관행을 버리고 정부와 정치권이 일관성을 갖고 농업정책을 추진해야 한다”고 말했다.

농업정책, 이렇게 바뀐다

정부는 2001년 도하 어젠더(뉴라운드) 협상타결로 농산물 가격보조 정책을 유지하기 어려워짐에 따라 농촌지역을 개발하는 동시에 농민 소득원을 다양화하기로 했다. 정부가 구상하고 있는 '신농업발전방안'에 따르면 쌀 생산량을 줄이기 위해 전작과 타작물 재배를 유도하고 농지 전용과 취득을 확대한다.

이 같은 정부 계획이 그대로 시행되면 자급자족 위주인 농업정책은 사실상 폐기되는 등 일대 전환기를 맞는다. 신농업발전방안은 남아도는 쌀 생산량을 줄이기 위해 다른 경작물로 바꿨을 때 발생하는 손실을 보전해 주는 전작 보상제를 2002년부터 실시하기로 했다. 2002년에 우선 농지 5000ha를 대상으로 실시하고 단계적으로 늘려나간다는 방침이다.

고품질 벼 재배면적도 50%로 확대하기로 했다. 정부는 이를 위해 고품질 벼 보급 가격을 5% 인하하고 고품질 벼 품종 알선창구를 신설하기로 했다. 정부는 고품질 벼생산을 장려하기 위해 1등미와 2등미 외에 특등미 제도를 신설해 쌀 품질관리를 보다 엄격히 하기로 했다.

정부는 또 농가소득 보전 차원에서 농지 전용과 취득을 완화하는 방안을 논의하고 있다. 도시민이 주말농장 등으로 직접 경작할 때는 300평 이하 농지를 소유할 수 있도록 농지법을 개정하는 것을 추진하고 있다.

농지 전용을 확대하는 방안도 논의되고 있다. 특히 재정경제부는 전체 농지에서 10%를 차지하는 한계농지 20만ha(6억평)를 공장용지나 레저시설, 위락시설 등으로 허용하자는 주장이다. 이에 대해 농림부는 반대의사를 표명하고 있어 실현 여부는 아직 미지수다. 농작물 재해보험 대상 품목도 사과, 배에서 포도, 감귤, 복숭아, 단감 등으로 확대하고 정부 지원도 늘려가면서 농가소득을 보전해 줄 계획이다.

정부는 이 밖에도 농촌을 관광상품화하는 그린투어리즘을 장려하고, 벤처농업을 육성하는 등 농가소득 보전을 위해 다양한 정책을 펼칠 계획이다.

전문가의 농업문제 해결 제언

- 무역자유화기금 신설
- 농가 소득보조금 확대
- '신농업발전방안' 조기 실시
- 수출유망 농산물 20개 선정, 집중 육성
- 시장개방 불가피성 홍보
- 농업–비농업 갈등 조정시스템 구축
- 농업문제 정치적 해결 자제
- 일관성 있는 농정 리더십 발휘

여야 합의로 FTA촉진법 만들자

　우리나라가 다른 나라와 FTA를 맺는 것은 당분간 불가능한 것일까. 한·칠레 FTA가 포도를 비롯한 과일 재배농가들이 반대해 결렬될 위기에 처하면서 FTA 논의는 한발짝도 앞으로 나가지 못하고 있다.

　전문가들은 FTA를 체결하려면 대통령이 국민을 설득하는 작업, 기업들의 적극적인 FTA 지원, 단계별 실행계획 수립, 통상전문가 육성, 이해집단간 갈등조정 시스템 구축, FTA촉진법 제정, 대통령 직속 통상조직 마련이 필요하다고 제안한다. 지금까지 정부는 국민에게 FTA 체결에 따른 혜택을 알리고 공감대를 형성하기보다는 일방적으로 FTA에 대해 발표하고 이익집단이 반발하면 후퇴하는 모습을 보였다.

　안세영 서강대 국제대학원 교수는 "대통령이 직접 나서 국민을 설득하고 재계도 FTA를 통해 이득을 보는 계층인 만큼 FTA가 조기에 체결될 수 있도록 적극 지원해야 한다"고 주문한다. 대통령이 TV토론회나 공청회에 나와 FTA를 체결하면 역내 국가간 무역장벽이 해소돼 국민들은 보다 싼 가격에 제품을 구입할 수 있게 되는 등 여러 혜택을 직접 설명해야 한다는 것이다.

　안 교수는 "FTA를 체결하면 소비자에게 엄청난 이익이 있는 데도 소비자를 위해 일한다는 국내 소비자단체들까지 FTA 체결을 반대하고 나서는 것은 이해가 부족하기 때문"이라고 설명했다.

　통상전문가들은 FTA를 일관되게 추진하려면 단계별 실행계획이 필요하다고 제안한다. 정인교 KIEP FTA팀장은 "이제는 칠레와 FTA를 체결하는 데 모든 협상력을 걸 것이 아니라 다른 나라에도 눈을 돌려야 한다"며 "우리 농산물시장 개방문제도 없고 양국 모두 적극적인 의지를 갖고 있는 일본과 FTA를 추진할 만하다"고 밝혔다.

　"우리와 FTA를 맺을 수 있는 예상국가에 대한 조사와 분석을 끝낸 다음 구체적인 FTA 추진일정을 짜고 예상시간표를 마련하는 것이 필요하다"고 정 팀장은 제안했다. 이러한 작업이 이뤄지려면 정부는 리더십을 갖고 학계와 관련업계의 적극적인 참여와 도움을 이끌어내야 한다. FTA에 대한 연구단계부터 실제 실행까지 모든 과정에 참여할 통상전문가를 대거 육성하는 것도 시급한 과제다.

이해집단간 갈등을 조정할 시스템을 갖추는 것은 FTA 체결을 앞당기는 데 꼭 필요하다.

최낙균 KIEP 무역투자실장은 "이해집단간 갈등을 완화하기 위해서는 FTA로 손해보는 부문이나 계층을 지원할 무역자유화기금을 만들어야 한다"고 말했다.

FTA가 제대로 추진되려면 'FTA촉진법(가칭)'을 만들어야 한다는 제안도 나왔다. 정부가 FTA를 추진하기 위해서는 정치권 도움이 필수적인데 여당과 야당이 합의해 FTA촉진법을 만들면 법적 구속력이 생기고 정치권도 지금처럼 이익집단 목소리에 좌우되지 않을 것이라는 설명이다.

현 통상조직을 재점검해야 한다는 지적도 많다. 지금은 통상교섭본부에서 통상업무를 총괄하고 있지만 농림부, 산업자원부 등과 조정이 제대로 이뤄지지 않고 있다. 위계질서를 중시하는 공무원 조직에서 서열상 장관과 차관 중간급인 통상교섭본부장이 다른 부처 장관들을 상대해 설득하기를 바라는 것이 애초부터 무리였다는 설명이다.

또 통상교섭본부는 출범 당시 산업자원부 등 각 부처에서 통상 전문인력 43명을 지원받았지만 이들 대부분이 재외공관으로 나가고 지금은 10명도 남아 있지 않아 오히려 전문성이 후퇴했다는 평가다. 따라서 대통령 직속 통상조직에서 거시적 방향과 협상전략을 마련하고 분야별 현안은 개별 부처에 맡기는 이중구조를 갖추자는 주장도 나오고 있다.

FTA체결 우선순위 상위 5개국

기 준	국 가				
내수시장 규모	미국	EU	중국	일본	아세안
교역비중·보완성	일본	중국	미국	EU	아세안
농업계 찬성	일본	EU	미국	아세안	중국
무역장벽	중국	아세안	일본	미국	EU
제조업의 관심	미국	일본	중국	아세안	EU
FTA체결 의사	일본	아세안	미국	중국	EU

독창성과 자율정신 갖춰야 세계일류
"官·學 신뢰관계가 대학개혁의 바탕"

일본 교토대는 지금까지 노벨상 수상자 5명을 배출한 세계적인 연구중심 대학이다. 교토대를 4년째 이끌고 있는 나가오 마고토(長尾眞) 총장은 매일경제와의 인터뷰에서 독창성과 자율정신이야말로 세계적인 대학으로서 갖춰야 할 조건이라고 말했다. 일본 국공립대학 대표로 대학개혁을 지휘하고 있는 나가오 총장은 정부와 대학간 진정한 신뢰관계 구축이 대학개혁 성공 여부를 결정짓는 핵심적인 요소라고 강조했다.

일본도 한국과 마찬가지로 대학생 학업능력 저하를 걱정하고 있다. 교토대 학생 학업능력 수준을 과거와 비교해 어떻게 평가하는가. 또 가까운 장래에 노벨상 수상자가 나올 수 있다고 보는가. 노벨상 후보로 어느 분야가 가장 유망한가.

▶교토대 학생들은 뛰어나다. 그러나 선배들과 비교하면 학업능력이 떨어진다는 것은 분명하다. 특히 학문을 해야겠다는 의욕이 약한 게 문제다. 이러한 문제는 일본 전체적인 현상이며 일본 교육에 대해 근본적인 검토가 필요하다고 생각한다.

교토대 연구인력이 가까운 장래에 노벨상을 수상할 가능성은 높다. 그 중에서 기초물리학 의학생리학 분야가 가장 유망하다고 본다. 지난해 노벨화학상을 수상했던 노요리 료지 나고야대 교수는 교토대 공학부를 졸업하고 공학부 조교시절에 얻은 아이디어를 발전시켜 노벨상을 수상하는 영예를 안았다.

국립대학 개혁에 대한 논의가 활발한데 99개 일본국립대학(JANU)을 대표하는 총장으로서 어느 분야 개혁에 중점을 두고 있는가.

▶국립대학을 법인화하는 문제가 활발히 논의되고 있다. 법인화하는 데 가장 큰 문제는 각 대학 자주성과 자율성을 어떻게 확보할 것이냐다. 법인화 구조 자체가 자율 형태를 갖춘다고 해도 대학자율이 실제로 보장될지 여부가 걱정이다. 기업경영 개념을 대학 운영에 도입하자는 주장도 있으나 학문의 자유를 제약하지 않도록 유의해야 한다.

국립대학 개혁이 마무리되는 데는 얼마나 걸릴 것으로 보나. 10년 후 일본 국립대학 모습을 예측한다면.

▶국립대학을 법인화하고 그 효과를 보는 데까지는 수년에서 10년 정도 걸릴 것으로 본다. 10년 후면 앞서가는 국립대학은 국제경쟁력이 상당히 높아져 있을 것이다. 그러나 다른 많은 국립대학은 체력이 약해져 혼란에 빠질지도 모른다.

대학경쟁력을 유지하고 향상시키는 데 도움을 주는 정부 기능은 무엇인가. 고등교육에 대해서는 정부가 아예 간섭을 하지 않는 것이 상책이라고 주장하는 견해도 강력히 제기되고 있는데.

▶그래도 정부로서 해야 할 일은 있다. 문부성은 고등교육과 대학 연구기능 확충, 시설정비 등을 위해 적절히 예산을 투입해야 하는 고유 업무가 있다. 또 제3자적 평가기관 등이 충분한 기능을 하고 있는지 감시하는 일도 중요하다.

대학개혁을 성공적으로 마무리지으려면 예산말고 무엇이 필요한가. 한국 교육관계자에게 조언한다면.

▶개혁을 추진하는 문부성과 대학간에 진정한 신뢰관계가 형성돼 '돈은 줘도 입은 주지 않는다(예산은 주되 생색은 내지 않는다)' 거나 '결과를 엄정히 평가한다' 는 약속을 실천해 나가야 한다.

한국과 일본 고등교육 관계자가 연 2회 정도 정기적으로 만나 더 많이 견학하고 정보를 교환하면서 상대방을 알고 서로 문제점을 명확히 하면서 발전을 위해 협력해 나가야 한다.

최근 한국에서는 '월드 클라스(World Class) 대학을 만들자' 는 주제로 한국 대학 개혁방안을 제시하는 보고서가 발표돼 큰 관심을 끌었다. 월드 클라스 대학을 어떻게 정의하는가. 또 세계적인 대학을 만들어 나가는 총장 모습을 그린다면.

▶외국 대학을 그대로 모방하기보다는 독자적으로 탁월한 연구성과를 내놓는 연구인력과 연구분야가 많은 학교가 진정한 월드 클라스 대학이라고 생각한다. 총장은 교수 학생 연구인력뿐 아니라 대학 구성원 전원에게 희망을 갖게 하고 각자 맡은 분야에서 능력을 충분히 발휘할 수 있는 분위기와 환경을 제공하는 능력을 갖추어야 한다. 또 몇 년 앞을 미리 내다보고 계획을 제시하며 이 계획실천에 필요한 자금을 확보하고 대학구성원간 합의를 얻어가며 조직개혁을 이루어낼 수 있는 사람이어야 한다.

한국에서는 대학운영에 기업 논리를 적용하고 실용적인 학문을 중시하는 쪽으로 대학을 개편하자는 주장이 있다. 이에 따라 인문학계 반대에 부딪치기도 한다.

▶그러한 방향은 바람직하지 않다. 자연과학을 보더라도 천문학 등 사회에는 직접 관계가 없는 연구분야가 많다. 인문학 분야는 거의 모두 그렇다. 문학 역사학 철학 등 학문을 중요시하고 더욱 발전시켜 나가는 정책이 필요하다.

대학경쟁력 제고를 위해 교원 정년을 규제하자는 의견이 있는데 어떻게 생각하는가.

▶교수 임용시점부터 몇 년에서 10년 정도 임기제를 도입하자는 생각에는 꼭 반대하지 않는다. 다만 일본 사람 성격을 봤을 때 임기제가 정착되고 좋은 결과가 나올지 어떨지는 의문점이 남아 있다.

일본 대학도 한국처럼 입학하기는 어려워도 졸업하기는 쉽다고 한다. 그러기에 대학생들이 공부하지 않는 이유가 되기도 하는데 현재 시스템에 변화가 있어야 하지 않겠는가.

▶가까운 장래에 일본 대입제도에 변화는 없을 것이다. 다만 일정한 학력을 갖추지 못했을 때 졸업을 못하고 중도에 탈락하는 학생이 늘어날 것으로 보인다.

평소 학생 영어능력을 강조했는데 교토대는 어떤 프로그램으로 학생 영어실력 향상을 도모하고 있나.

▶영어 커뮤니케이션 능력을 높이기 위해 영어 수업과목을 조금씩 실용영어 위주로 재편하고 있다. 동시에 컴퓨터로 영어회화를 스스로 익힐 수 있는 시스템을 도입해 언제라도 사용할 수 있도록 하고 있다. 또 미국 UCLA와 영어로 진행하는 실시간 원격강의 교환강의를 진행하고 있다. 최근에는 석사학위 논문을 영어로 쓰도록 권유하는 교수가 늘고 있다.

일본에서 공부하는 외국 유학생수가 점차 늘고 있지만 미국이나 유럽에 비하면 아직도 턱없이 낮은 수준이다.

세계 석학에게 듣는다 | 나가오 마고토 일본 교토대 총장

언어장벽도 그렇겠지만 주로 어떤 이유에서라고 보는가.

▶언어 문제 외에 일본 내 생활비가 비싸고 유학생을 위한 기숙시설이 부족한 점을 이유로 들 수 있다. 또 유학생을 받아들이는 대학조직과 시설이 충분하지 못하다. 외국에서 일본 대학에 대한 정보나 홍보가 취약한 것도 사실이다. 유학생 장학금이 적고 유학생이 일본인 조교에 익숙하지 못한 점도 이유로 들 수 있다.

일반인들도 대학원에 입학해 단기간에 학위를 취득할 수 있는 제도를 새로 운영하고 있는데 현재 반응은 어떤가.

▶직장인들이 대학원에 입학해 학위를 취득할 수 있는 시스템이 있다. 교토대는 이러한 시스템을 이용해 달라고 기업에 홍보하고 있으나 현재 기업 상황이 어려워 아직 큰 호응은 얻지 못하고 있다.

미국이나 한국 사례에서 보듯 온라인 학습은 빠르게 성장하고 있는 교육사업이다. 그러나 일본에서는 뚜렷한 진전이 없다. 비싼 통신비 문제 때문인가.

▶통신비가 비싼 것도 장애로 작용하고 있지만 온라인 교육에 어울리는 매력적인 교재 개발이 성공 여부를 결정짓는 핵심 요인이다. 학생들이 온라인을 이용해 적극적으로 질문을 하거나 스스로 조사해 과제 리포트를 쓸 수 있는 것 등 수용자 자질 문제도 클 것으로 생각한다. 현재로서 온라인 교육은 직장인이나 사회인 재교육에 더 유용한 것 같다.

나가오 총장 약력

- 36년생(66세)
- 59년 교토대 전기공학과 졸업
- 66년 교토대 전기공학 박사
- 69~70년 프랑스 그레노블대 방문교수
- 73년 교토대 전기공학과 교수
- 95~97년 교토대 도서관장
- 92~94년, 95~97년 교토대 대학평의회 의원
- 97년 12월 23대 교토대 총장
- 2001년 4월 일본 99개 국공립대학협의회(JANU) 회장

"리더는 윤리의식과 사명감을 겸비해야 한다"

미타라이 후지오 사장은 누구

- 35년 오이타(大分)현 출생
- 61년 주오(中央)대 법학부 졸업 후 캐논 입사
- 75년 캐논USA 부사장
- 79년 캐논USA 사장
- 81년 도쿄본사 이사
- 85년 상무
- 89년 전무
- 93년 부사장
- 95년 대표이사 사장

미국 비즈니스 위크지(2002년 1월 14일자)가 뽑은 2001년 '세계 톱경영자' 25명에 일본에서는 미타라이 사장과 요시노 혼다자동차 사장만이 뽑혔다.

이 잡지는 미타라이 사장을 일본 기업 CEO 전형인 '컨센서스형'과는 동떨어진, 결단력 있는 인물로 묘사했다. 특히 세계 디지털 카메라시장에서 99년 9%였던 점유율을 2000년 14%로 끌어올인 공적을 평가했다. 미국 캐논에서 20여 년 동안 일한 그는 미국식 경영을 철저하게 신봉하고 있다. 취임 이래 인정사정없는 구조조정에 착수해 적자부문을 일소했다. 특히 IT시대 인기품목인 컴퓨터사업을 철수한 결단에 일본 재계는 놀라워하고 있다.

믿을 것은 실력밖에 없다는 그는 늘 위기감을 강조한다. 좌우명은 '깊이 생각하되 결단은 과감히 하라'는 뜻인 숙려단행(熟慮斷行).

멀쩡히 돈 잘 벌고 있는 흑자사업을 '단지 장래가 없다'는 이유로 철수하는 기업. 그러면서도 부채는 한푼도 없는 기업. 캐논이 바로 그 곳이다.

캐논은 일본 전자업체들이 무더기로 적자를 내는 가운데서도 사상 최고 흑자를 기록하며 승승장구하고 있다. 복사기와 카메라로 대표되는 디지털기기로 세계시장을 평정해 가고 있는 캐논의 미타라이 후지오(御手洗富士夫) 사장을 만나 그 비결을 들어봤다.

대부분 일본 기업이 3월 결산에서 적자를 낼 것이라는 전망인데 캐논은 사상 최대 흑자를 기록했다고 들었다. 비결이 무엇인가.

▶ 우리는 경기가 좋을 때 구조조정을 끝냈다.

미국을 중심으로 한 세계경기가 좋을 때인 96~98년에 채산성 없는 사업 4개를 없앴다. 이들 부문 경영자원은 잘되는 사업과 디지털 카메라 같은 신규 유망사업으로 돌렸다. 따라서 종업원을 감축하지 않고 사업을 확장할 수 있었다.

경기가 좋을 때 미래를 내다보고 사업을 재구성하는 것이 중요하다.

퇴출시킨 사업 중 PC는 정보기술(IT) 시대 핵심사업일 뿐더러 당시 적자를 내지도 않았다는데 무엇을 기준으로 그런 결정을 내렸나.

▶ 우리는 제품 개발력 여부로 퇴출을 결정한다.

PC는 중앙처리장치(CPU) 싸움인데 우리처럼 CPU를 조달해 쓰는 회사에는 승산이 없다고 판단했다. 핵심부품과 핵심기술 없이 제조업에서 이기기는 어렵다. 캐논 카메라사업이 강한 것은 렌즈공학과 메커니즘 같은 기본적인 것을 갖추고 있기 때문이다.

캐논 복사기도 오리지널 부품과 개발력을 갖고 있다. PC가 화려한 사업이긴 하지만 취약하다고 보았기 때문에 빨리 손을 뗐다.

일본 기업들이 막대한 부채에 허덕이고 있는데 캐논은 거의 유일하게 무차입 경영을 지속하고 있다. 2001년 12월 결산에서는 부채에서 현금과 예금을 뺀 금액이 오히려 -1600억엔에 달했던 것으로 알고 있다. 기업경영에서 이 같은 일이 가능한가.

▶캐논은 제조업체다. 제조업체는 연구개발한 것을 만들어 판매하는 곳이다.

그런데 대개 투자해서 회수하기까지 시간이 길다. 따라서 사업을 벌일 때마다 자금을 빌리면 금리부담을 못 견딘다.

투자한 사업이 반드시 성공한다는 보장도 없다. 그렇기 때문에 제조업은 자기자본을 충실히 해서 부채를 줄여야 한다.

나는 사장에 취임한 이래 재무체질 개선 위주로 경영을 펼쳤다. 캐시플로 매니지먼트도 그래서 도입했다. 장기투자에 견딜 수 있는 자기자본을 마련하기 위해서다. 아무리 좋은 사업이라도 우리는 현금이 확보되지 않으면 투자하지 않는다.

언제나 현금이 수중에 있다는 것은 늘 매출이 늘어나고 실패사업이 없어야 하는데.

▶경영자는 자기 사업을 수익성 있는 것으로 만들어야 한다. 이익도 나지 않는 사업을 확대하면 운전자금을 모두 부채로 조달해야 한다. 그래서는 일본 건설업체처럼 되고 만다.

막연히 사업을 벌이고 굴리면 돈이 될 것이라는 환상이나 주먹구구식은 경영에서 금물이다. 경영은 규모가 아니라 질, 즉 이익이다.

엔론 도산에서 보듯이 경영 투명도가 높다는 미국 기업조차 경영진이 부도덕한 짓을 많이 한 것으로 드러나고 있다.
기업도 인간이 움직이는 것이기 때문에 완벽을 기대하기는 어려운데 경영을 건전화하고 감시하기 위한 바람직한 장치가 있다면.

▶미국에는 사외임원제도가 있고 일본에는 감사제도가 있다. 양쪽 다 장점이 있다. 그러나 어느 것도 완벽하지는 않다. 중요한 것은 경영자 윤리의식이지 제도가 아니다. 윤리의식은 곧 사명감에서 나온다.

미국 경영진이 가장 무서워하는 것은 주주대표소송이라고 들었다. 한국에서도 어느 대기업이 휘말려 곤욕을 치르고 있다. 이 제도를 어떻게 생각하는가.

▶일본에서도 주주대표소송이 급증하고 있어 경영자들이 긴장하고 있다. 경영자가 함부로 행동하지 못하도록 감시한다는 점에서 주주대표소송은 좋은 제도다.

그러나 지나치면 경영 스피드를 떨어뜨려 회사를 망칠 수 있다. 소송 그 자체가 목적이 되면 폐해는 더 크다.

미국 캐논에서 20년 이상 일했는데 미국 경쟁력은 어디서 나온다고 보나.

▶여러 가지 장점이 있겠지만 첫째는 기술력, 둘째는 산·관·학이 일체가 돼 첨단기술을 낳는 사회 시스템, 셋째는 정부정책 특히 세제(稅制)다. 이런 것이 상승작용을 일으켜 벤처비즈니스를 낳고 기업 경쟁력을 높인다.

대학 시스템을 포함해 미국사회 전체가 민간의 활력을 이끌어내 산업의 번영을 가져오도록 돼 있다.

일본도 산·관·학이 공동으로 반도체를 비롯한 첨단기술 개발에 나서는 등 왕성한 활동을 하고 있는데.

▶전혀 못 따라간다. 내각제인 일본은 오랫동안 관

(官) 주도로 해왔기 때문에 산·관·학 협동 사례가 그다지 많지 않다.

　일본 행정이 관인데 비해 미국 행정은 곧 민이다. 장관들은 모두 민간인이다. 행정부에서 선거로 뽑힌 사람은 대통령뿐이다. 각료는 선거와 관계없이 늘 민간 그 자체기 때문에 민과 의사소통이 잘된다.

일본 세제 중 어떤 점이 미국에 뒤처지나.

▶세율이 미국보다 높은 것은 물론이고 세금에 대한 사상 자체가 다르다. 미국은 평등보다 공평이라는 생각이 보편화돼 있는 나라다. 세율을 낮춰 모든 이에게 골고루 적용하는 것을 기본으로 하고 있다.

　이것이 자극제가 돼 사회 전체 시스템이 왕성하게 돌아간다. 기부를 하면 소득세를 낮게 적용하는 것도 민간활동을 통해 사회문제를 해결하도록 유도하기 위한 것이다. 이에 비해 일본은 과세 대상을 좁혀 세율을 높게 매기고 있다. 고이즈미 총리가 이런 것을 개혁해 주기를 기대하고 있다.

일본 제조업 경쟁력이 떨어지고 있다는 지적이 있는데 정말 그렇다고 보는가.

▶사실이다. 원인은 높은 물가다. 노무비와 제조원가가 너무 비싸다.

　개도국이 따라오지 않을 때는 일본 경쟁력 저하가 표면화하지 않았다. 그러나 한국 대만과 아시아 일부 국가들은 이미 개도국이 아니다. 세계시장에서 경쟁하고 있다.

　지금 일본과 중국간에 벌어지는 일(무역마찰)은 미국과 일본이 30년 전에 겪었던 일을 되풀이하는 것이다. 일본은 하루빨리 부가가치가 더 높은 산업으로 이행해야 한다. 행정개혁과 규제완화를 한층 확대해 기업이 경쟁력을 발휘할 수 있도록 해야 한다.

　아시아가 일본 경쟁상대가 됐다는 것은 시각을 바꾸면 일본에 매력 있는 시장이 생겼다는 얘기이기도 하다.

일본 경제가 엔저에만 의존하는 것은 근본적인 해결책이 아니라고 본다. 캐논은 얼마를 적정 환율로 보는가.

▶나는 엔 약세보다 환율 안정을 바란다. 달러당 120엔이 캐논 사내 환율이다.

　적정환율은 120~130엔으로 본다. 더 이상 떨어지면 석유 등 수입가격이 올라 물가가 불안해진다. 역수입 제품 가격이 올라 기업 수익에도 영향을 미친다. 달러당 120엔이라도 좋으니 안정됐으면 한다. 그래야 경영계획을 제대로 짤 수 있다.

일본은 세계에서 가장 물가가 비싼 나라다. 그런 점에서 일본 경제에 가장 문제가 되고 있는 디플레이션(물가하락)에는 좋은 측면도 있다고 본다.

▶기술혁신과 원가절감을 통해 물가를 내리는 적극적인 물가하락은 좋은 것이다. 수익을 내면서 가격을 내리는 것을 지향해야 한다. 이는 경쟁력이 있다는 얘기기 때문에 환영할 일이다. 그러나 지금은 물가가 하락하면 기업 도산으로 이어진다. 서글픈 현실이다.

4월 예금 부분보장제 실시를 앞두고 금융위기를 염려하는 목소리가 높다. 금융에 밝은 경영자로 알려져 있는데 일본 금융산업이 왜 이렇게 됐나.

해외 CEO에게 듣는다 | 미타라이 후지오 캐논 사장

▶일본에서는 은행 업무 중 대부분이 대출이다. 재무성 인허가에 묶여 상품과 서비스의 승부를 하지 못했다. 따라서 사업을 확대하기 위해서는 대출을 늘리는 수밖에 없었다. 이 과정에서 과당경쟁이 빚어져 신용위험도에 걸맞은 이자를 받지 못했다.

이처럼 상품과 서비스로 차별화가 안되다 보니 인적관계나 주식 보유 등을 통해 고객과 관계를 맺어왔다. 그러다가 대출해준 기업이 부실해지고 보유한 기업 주식이 폭락하면서 이중 삼중 고통을 겪고 있다. 간접금융과 관련한 모든 모순이 일시에 표면화했다고 할 수 있다.

금융 기능을 회복하기 위해서는 어떻게 해야 하는가.

▶부실채권을 분리하고 인원을 줄여야 한다.

일본에서 은행보다 비은행 금융기관 수익성이 더 좋은 것은 고정비가 적은 데다 리스크가 따르는 경영을 했기 때문이다. 외국 은행이 들어와 싸워보니 인재 육성도 시급한 것으로 드러났다. 특히 투자신탁 쪽은 실력차가 현격하다. 오랜 규제가 그렇게 만들었다.

금융위기 시대에 기업 자금전략은 어떻게 바뀌어야 하는가.

▶과거 일본 기업들은 이익이 나지 않아도 고정비만 회수하면 된다는 생각으로 사업을 했다. 이런 잘못된 생각 때문에 돈이 벌리지 않아도 마구 사업을 벌였다.

그러나 사업을 시작하면 당연히 운전자금이 들어간다. 일본 기업은 그 동안 간접금융에서 이를 조달했다. 아무리 고정비를 회수해도 운전자금을 빌리면 이자가 나가기 때문에 영업외수지가 나빠진다. 이는 회사 전반적인 채산성을 나쁘게 한다.

캐논은 철저히 캐시플로 중시 경영을 펼치고 있다.

전세계가 IT산업 회복에 기대를 걸고 있는데 회복시기는 언제쯤이 될 것으로 보는가.

▶올해 후반이면 좋아질 것으로 전망한다. 재고가 크게 줄어들고 있고 반도체칩 값도 인상되고 있다. 여름부터 회복될 것으로 본다. 다만 테러 같은 사건이 다시 일어나지 않아야 한다.

갈수록 미래를 예측하기가 어려워지고 있다. 이런 때 리더에게 가장 필요한 자질은 무엇인가.

▶시대를 불문하고 리더는 윤리의식과 사명감을 겸비하고 있어야 한다. 남 위에 서는 데는 희망도 야심도 필요하지만 그것만 있으면 목표를 달성한 순간 타락하게 된다.

한국 제조업에 대해 갖고 있는 이미지는.

▶활력이 넘친다고 본다. 반도체는 세계 최고 수준이고 자동차 액정표시장치 등에서도 엄청난 기세로 뻗어나가고 있다. 캐논과도 교류가 있는 삼성이나 LG는 무섭게 발전하는 기업들이다.

캐논은 한국 파트너기업에 복사기와 카메라사업을 맡기고 있는데 직접 진출할 계획은 없는가.

▶나는 롯데와 파트너십을 구축한 데 만족하고 있다. 파트너 회사들이 흠잡을 데 없이 잘해주고 있다.

5 인재가 기업경쟁력

10명 중 7명 이직 희망

-상당수 "현 직장 만족 못해"… 외국계 기업으로 인재 대이동 우려

-순환보직제 기업공채 등 전근대적 인사관행 고집 큰 걸림돌

"한국 기업 인적자원관리(HR) 관행에 빨간불이 켜졌다. 이대로 가면 한국 기업들은 세계 인재전쟁(Talent war)에서 낙오자로 전락하고 말 것이다."

세계적인 HR 전문 컨설팅회사인 타워스페린은 한국 기업 인적자원관리 실태를 정밀 진단한 뒤 내린 평가다.

매일경제와 타워스페린이 국내 150개 주요 기업 임직원 1547명을 상대로 최근 실시한 '한국 기업 인적자원관리(Human Resources) 실태조사'에 따르면 국내 기업 인력관리 수준은 상당히 취약한 것으로 나타났다.

응답자 10명 중 7명은 '기회만 생긴다면 언제든 회사를 떠날 준비가 되어 있다'고 밝혀 상당수 직장인이 현 직장에서 충분한 만족과 비전을 얻지 못하고 있는 것으로 나타났다. 이는 동일 항목에 대한 서구 기업 조사에서 북미지역 직장인 이직 의도가 56%로 나타난 것을 고려하면 상당히 높은 수치다. 특히 직장을 옮기고자 하는 사람들이 대부분 국내 기업보다는 외국 기업을 선호하고 있어 인재 유출문제가 앞으로 더욱 심각해질 전망이다.

설문 응답자 중 35%가 가장 옮기고 싶은 기업으로 외국계 기업을 꼽은 반면 국내 대기업을 선택하겠다고 답한 직장인은 18%에 불과한 것이다. 박광서 타워스페린 서울지사장은 "이제까지 대기업들이 국내 노동시장에서 '엘리트 인재'를 거의 독점하다시피했지만 앞으로 외국계 기업들에 인재를 선발할 수 있는 주도권을 빼앗길 수 있다는 점을 시사한다"고 말했다.

타워스페린은 한국 기업들이 세계 인재전쟁에서 밀릴 수밖에 없는 주원인으로 '보상 수준 하향 평준화'와 '장기적 인력 육성시스템 부재'를 꼽았다. 우수 인력을 확보하고 유지하는 데 필수적인 '보상 차별화 프로그램'을 시행하고 있는 기업은 37%에 불과해 핵심 인재 관리에 필요한 제도적 장치가 미흡한 실정이다. 특히 대기업 공채제도와 무분별한 순환보직제는 기업의 장기적인 인력 육성을 가로막는 장애물로 작용하고 있다고 타워스페린은 지적했다.

이승철 타워스페린 상무는 "국내 기업들은 우수 인재 확보에 주력하고 있다고 강조하지만 정작 유능한 인력을 뽑아놓고도 이들을 어떻게 관리하고 활용해야 하는지 모르는 회사가 태반"이라며 "기존 인적자원관리에 대한 패러다임 변화와 재점검이 절실한 시점"이라고 말했다.

■ **직장인 71% 이직 고려**

한국 직장인 10명 중 7명이 이직을 고려하고 있다. 매일경제와 타워스페린이 설문조사한 결과에 따르면

'현 직장을 그만둘 계획'이라는 응답이 18%, '제의가 오면 고려하겠다'가 44%, '적극적 구직상태'가 9%로 나타났다. 직장인 중 71%가 "기회만 닿으면 언제든지 현 직장을 버리고 다른 직장으로 옮기겠다"는 의사를 품고 있는 것이다. 특히 이직 의사를 밝힌 직장인 가운데 47%가 1년 안에 직장을 옮기고 싶다고 밝혔다.

이는 평생직장 개념이 붕괴되면서 '한 직장에 몸바쳐 근무하겠다'는 기업 충성도가 급격히 희석되고 있으며 국내 기업들이 인력관리에 취약하다는 사실을 여실히 보여주는 대목이다. '옮길 생각이 없다'는 답변은 29%에 불과해 북미지역 직장인 44%보다 크게 낮았다.

한편 옮기고 싶은 기업 유형 선호도를 조사한 결과 응답자 중 35%가 외국계 기업을 가장 선호하는 것으로 나타났다. 중소기업 24%, 벤처기업 23% 순이었으며 국내 대기업을 선택한 응답자는 18%에 불과했다.

김부영 타워스페린 컨설턴트는 "이는 삼성, LG, SK 등 대기업들이 국내 노동시장에서 우수 인재들을 거의 독점했던 기존 양상이 뒤바뀔 수 있음을 시사하는 것으로 상당히 놀라운 결과"라고 밝혔다.

김 컨설턴트는 인터넷이 강력한 구직 수단으로 등장하면서 이직하는 제약이 한층 줄어들고 있다고 분석했다. 실제로 이번 조사에 참여한 직장인 중 64%가 채용정보 탐색, 급여수준 비교 등에 인터넷을 주로 활용하고 있다고 답했다. 반면 북미 직장인 중 36%만이 인터넷을 주요 직장 탐색방법으로 이용하는 것으로 나타났다.

■ 설문조사 어떻게 했나

매일경제와 타워스페린이 공동으로 실시한 '한국 기업 인적자원 관리 실태조사' 설문에는 국내 대기업과 중소·벤처기업 임직원 1547명이 참여했다. 이번 설문은 각 기업 인사담당 팀장급이 응답한 '경영자 조사'와 일반 직원이 참여한 '직원 조사' 등 두 종류로 나뉘어 진행됐으며 면접조사와 온라인 방식을 병행했다. 한편 타워스페린은 뉴욕에 본사를 둔 세계적인 HR전문 컨설팅업체로 전세계 89개 사무소에서 1만여 명에 이르는 컨설턴트가 활동하고 있다.

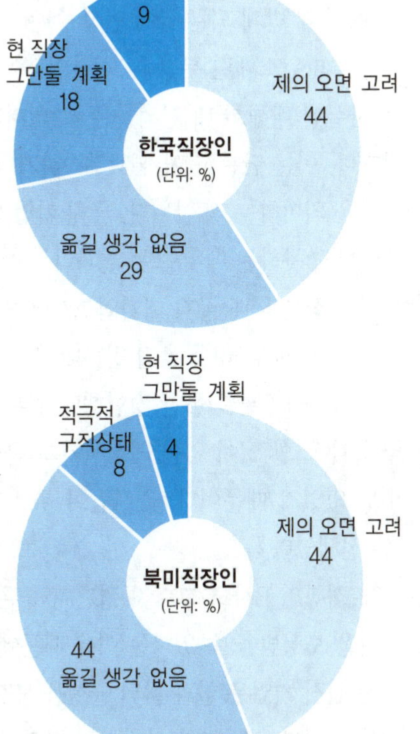

전근대적 근무관행 여전

국내 직장인들이 새 직장을 선택할 때 가장 중요하게 생각하는 요소는 무엇일까. 응답자들은 첫째로 '일과 삶의 균형(31%)'을, 그 다음으로는 '이직시 더 받게 되는 급여 인상 수준(17%)'을 꼽았다.

정철 타워스페린 부장은 "직장인들이 일과 삶의 균형을 첫째로 꼽았다는 사실에 대해 국내 기업들은 그 의미를 제대로 파악할 필요가 있다"고 말했다. 이는 단순히 여가가 부족하거나 업무에 대한 부담이 과중하다는 것만을 의미하는 게 아니다. 국내 기업 근무 방식이 전근대적인 관행에서 벗어나지 못하는 데서 오는 결과라는 얘기다.

정 부장은 국내 굴지 대기업 A사에 입사했다가 6개월을 넘기지 못하고 외국계 B사로 자리를 옮긴 명문대 출신 이 모 군 사례를 언급했다.

"A사에서 6개월 동안 경험했던 업무는 끔찍했다. 내게 맡겨진 업무를 다 끝내고 할 일이 없어도 상사가 퇴근하기 전에 자리를 뜨는 건 상상할 수도 없었기 때문이다. 윗사람이 부르면 바로 뛰어가야 하는 '5분 대기조' 신세였다."

새 직장인 B사도 그다지 평판이 좋은 외국계 기업이 아니었지만 개인 시간을 보장받을 수 있다는 이유 때문에 미련없이 전직을 결심했다. 이미 많은 선진 기업은 일과 삶의 균형을 보장하기 위한 여러 보완장치를 마련해두고 있다. 그 중 한 가지가 정기적인 '직원 근무환경 설문조사'다. 이들 선진기업은 직원들이 받는 업무 스트레스 수준과 불만 요인을 점검하기 위해 정기적으로 설문을 실시하며 설문 결과 업무로 인한 피로도가 위험 수준에 도달해 있는 팀이나 직원들에게는 곧바로 처방을 내린다.

업무 효율성을 높여 업무 부담을 줄여주거나 업무 분장을 재조정하고 단기적인 방법으로 특별 리프레시(Refresh) 휴가를 주는 사례 등이다. 이 같은 사전 진단과 처방을 통해 필요한 인력이 과중한 업무 스트레스로 회사를 뛰쳐나가는 사례를 미연에 방지하고 있다고 타워스페린측은 설명했다.

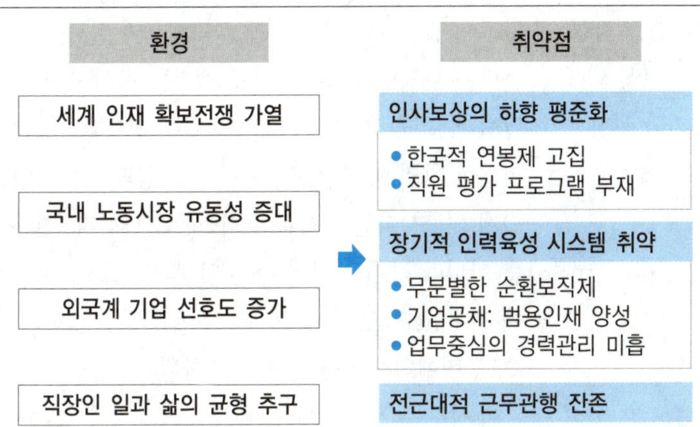

한편 직장인들이 직장 선택시 고려하는 요소로 '일과 삶의 균형'과 '급여 인상폭' 외에 경쟁력 있는 기본급(10%), 경력개발 · 승진기회(8%). 학습 · 개발기회(6%) 등을 꼽았다.

■ 68%는 '핵심인재 유지 어려워져'

국내 기업들은 핵심 인재를 확보하고 유지하는 데 갈수록 어려움을 겪고 있다. 이번 조사에 참여한 기업 중 절반이 넘는 62%가 '우리가 필요로 하는 인재를 확보하는 것이 과거 2년 전보다 어려워졌다'고 고백했다.

또 능력 있는 직원들을 계속 붙잡아두기가 더욱 어려워졌다는 응답이 68%에 달해 갈수록 치열해지고 있는 인재 스카우트전에서 우수 인력 이탈을 막는 데 상당한 고충을 느끼고 있는 것으로 분석됐다.

한편 기업들이 아무리 경쟁력 있는 사업전략과 인사정책을 제시하더라도 적절한 보상을 통해 직원들이 성과를 창출하도록 유도하지 못한다면 최적 경영성과를 얻을 수 없다는 점도 재확인됐다.

'직원 업무 성과 제고를 유도하기 위해 필요한 요소는 뭔가'라는 질문에 '인센티브를 포함한 성과 연동 변동급' 을 지적한 응답자가 가장 많았다. 또 경영진 리더십, 승진 기회, 교육개발 프로그램 등이 뒤를 이어 금전적 보상 외에 환경적 보상 요소도 매우 중요한 것으로 파악됐다.

■ 성과 높아도 특별대우 못받아

"높은 업무성과를 내는 우수 인재들은 자신이 성과가 낮은 동료들과 별반 다를 바 없는 대접을 받고 있다고 느낄 때 참지 못하고 떠난다."

이승철 타워스페린 상무는 한국 기업들이 우수 인재 확보에 어려움을 겪고 있는 이유로 '차별된 보상 시스템 부재' 를 꼽았다. 유명무실한 보상시스템으로는 우수 인력을 유지할 수 있도록 담보할 수 없다는 얘기다.

국내 모 대기업 중견 관리자급인 김 과장은 몇 해 전에 회사에서 지원을 받아 미국 대학에서 MBA(경영학석사)를 취득하고 다시 복귀했으나 다국적기업으로 전직할 것을 제의받고 미련없이 자리를 옮겼다.

김 과장은 이 회사에서 '잘 나가는 직원' 으로 인정받고 있었지만 오랜 인사 적체와 업무성과 대비 낮은 급여 때문에 평소 불만을 품고 있던 터였다.

설문 결과 '직원 차별화 프로그램' 을 실시하고 있다고 응답한 기업은 37%에 불과했으며 실시하지 않는다는 대답이 39%, 잘 모르겠다는 응답이 24%에 달했다. 직원 차별화 프로그램이란 고성과자에게는 확실히 차별된 보상을 안겨주고 저성과자는 자연스럽게 퇴출시키는 인사관리 시스템을 말한다. 연봉제뿐 아니라 각종 성과에 따른 인센티브 프로그램, 명예 부여(Recognition) 프로그램(예를 들면 올해의 ○○인, 명예의전당 등록) 등이 포함된다.

이 상무는 "우수 인력을 확보하고 유지하기 위해서는 상위 능력자에게 성과 창출에 따른 인센티브를 확실히 안겨주는 한편 회사가 필요로 하는 핵심 인력임을 인정해주는 '명예훈장' 을 수여해야 한다"고 강조했다.

하지만 한국 기업들은 여전히 직원간 형평성을 감안한 '하향 평준화 보상시스템' 이라는 덫에 걸려 인재 관리에 어려움을 겪고 있다고 진단했다.

설문 응답기업 중 65%가 '최근 3년 동안 인센티브제 등 성과 연동 변동급 비중을 늘렸다' 고 답했지만 실질적인 보상 차별화가 이뤄지지 않고 있다.

범용인재 양성하는 공채제도 탈피하라

2001년에 대기업들은 하반기 공채에서 유례없는 '호황'을 맞았다. 경기 침체로 취업난이 가중되면서 구직 희망자가 대거 몰렸기 때문이다. 경쟁률이 100 대1을 넘는 사례가 속출했고 많은 기업은 채용인원을 당초 계획보다 늘려잡는 등 행복한 고민에 빠지기도 했다. 하지만 국내 대기업들이 여전히 선호하는 공채제도에 대한 외부전문가 시각은 냉담하다.

타워스페린은 "대학 졸업자를 입도선매(立稻先賣)식으로 선점하는 공채제도는 이제 경쟁력을 잃었으며 세계 인재 경쟁 속에서 승리하기 위한 적절한 방법으로서 가치를 잃었다"고 단언했다. 공채 과정에서 주요 선발기준은 영어점수, 학점, 품성 등 일반적인 '잣대'가 대부분으로 이러한 기준을 통과해 입사한 인력들은 이후에도 '범용 인재'로 전락하는 사례가 비일비재하다.

이승철 타워스페린 상무는 "기업들이 설령 우수 인재를 확보해도 이들을 전문가로 키워내는 시스템이 미흡하다"며 "공채된 인재들은 기대한 것과는 거리가 먼 업무를 부여받은 후 금방 고민에 빠지고 전직 기회를 모색하는 '잠재적 이직자'가 될 가능성이 높다"고 말했다.

글로벌 네트워킹 전문업체인 시스코시스템스는 별도로 '경력 서비스 그룹(CSG)'을 가동해 각 직무에

대기업 공채의 문제점

- 출신대학·학점 등 일률적 기준
- 공채문화 조장해 외부 영입 어려워
- 보상의 하향 평준화 염려
- 비전문가 양산 가능성 높아

↓

기업
인적자원관리
부실화

대한 장기적인 인력 수요를 예측하고 사내 인력풀(pool)을 지속적으로 점검해가며 필요한 인력을 채용하고 있다. 타워스페린은 국내 기업들도 이제 '사람' 중심이 아닌 '직무' 중심의 인사관리 패러다임을 적극 도입해야 한다고 강조했다.

이는 일단 사람부터 뽑아놓고 이 사람에게 무슨 일을 맡길 것인지 결정하는 게 아니라 회사에 필요한 직무의 성격을 명확히 파악한 뒤 이 일에 가장 적합한 인재를 채용하는 인사시스템을 의미한다.

또 구성원들이 자기 업무 성격을 명확히 인식할 수 있도록 업무에 대한 마인드셋을 구축하는 작업도 필요하다고 덧붙였다.

기업 공채시스템 허점

탄탄한 재무구조를 지닌 국내 대기업 S사. 이 회사는 2001년 하반기 공채에서 대졸 신입사원 채용 규모를 당초 계획보다 60% 가량 늘렸다. 인사팀 김 모 부장은 "예상 밖으로 우수 인력이 대거 몰려 당장 수요는 없지만 우수 인재 확보 차원에서 채용인원을 늘린 것"이라고 설명했다.

이들 신입사원은 일정 기간 사내교육을 거친 후 신규 인력이 필요한 부서로 배치된다. 이승철 타워스페린 상무는 "우리나라 기업 공채제도는 소요 인력에 대한 중장기적인 검토 없이 주먹구구식 인력산출 방식에 따라 전체 채용규모를 결정하는 사례가 적지 않다"고 지적했다. 반면 외국계 기업들도 대규모 대졸 사원 채용을 하는 사례가 있지만 이 때도 반드시 장기적인 인력수급 계획을 바탕으로 신규사원을 채용하는 점이 다르다고 이 상무는 설명했다.

공채제도는 국내 대기업들의 구태의연한 채용 관행을 보여주는 대표적인 예다. 공채는 신규 인력들이 담당할 직무수행 능력보다는 영어점수, 명문대 졸업장, 학점, 인성 등 범용 기준에 따라 채용하는 제도다. 이에 따라 각 그룹에는 '○○그룹 공채 X기' 라는 기수문화가 자연스럽게 형성되고 외부에서 수혈한 '영입파' 는 제대로 발을 붙이지 못하게 하는 걸림돌로 작용하고 있다. 공채로 들어온 기수 동기들 사이에는 어떠한 일을 하더라도 모두 동일하게 대우받아야 한다는 '형평성에 대한 기대심리' 가 형성돼 업무 성과의 하향 평준화를 조장하기도 한다.

김부영 타워스페린 컨설턴트는 "IMF 외환위기를 거치면서 국내 대기업들도 공채보다는 수시채용과 경력직 선발 비중을 크게 늘리고 있는 추세지만 역시 사람 중심으로 인력을 선발하는 과거 관행에서 벗어나지 못하고 있다"고 말했다.

특히 우리 기업 인력구조를 살펴보면 최근 몇 년 동안 불균형 현상이 심화되고 있다. 경기가 하강하면 인력 충원을 갑자기 동결하다 경기가 풀릴 기미가 보이면 우수 인재 선점이라는 구호 아래 필요 인력을 초과해 선발하는 구태가 반복되면서 조직 내 연령층이 편중되는 허점을 보이고 있다고 타워스페린은 지적한다.

인간두뇌 · 마음연구에 집중투자

미국은 클린턴 행정부 당시엔 정보기술(IT) 부문을 중심으로, 부시 행정부에 들어선 생명공학(BT)을 중심으로 세계 첨단기술을 선도하고 있다. 전문가들은 세계를 주도하는 첨단기술의 이면엔 MIT란 배경이 있음에 주목하고 있다.

미국의 다른 유수 대학들에 비해 MIT는 상대적으로 작은 규모를 유지하고 있다. 그렇지만 모든 역량을 첨단 과학기술과 경제 · 경영학에 집중해 세계 명문을 이뤘다.

엔지니어링 교육자를 자부하는 찰스 베스트(Charles M. Vest) MIT 총장을 만나 30년 이후 세계를 주도할 첨단 과학기술 연구의 현주소와 바람직한 대학상에 대해 들어봤다.

MIT의 비전은 무엇인가. 그 비전을 어떻게 실현할 것인가.

▶우리는 인간 두뇌와 마음, 광의의 신경과학을 연구하는 데 많은 자원을 투자하고 있고 이것들이 과학의 매우 중요한 첨단부문이라고 믿고 있다. 생명공학과 엔지니어링의 상호작용을 주시하고 있는데 세계는 이와 관련해 앞으로 20~30년 동안 많은 성과를 얻을 것이다.

생물학과 엔지니어링에 약간의 의학을 결합시켜 인간의 건강을 증진하는 데 유용하게 쓰일 것이며 생물학적 프로세스를 구조적 물질 설계에도 사용하게 될 것이다.

마이크로와 나노기술을 비롯해 조그만 것을 다루는 기술에 MIT의 여러 부문이 참여하고 있다.

정반대로 대규모 복잡한 시스템을 다루는 데도 관심을 두고 있다. 복잡한 컴퓨터나 인포메이션 네트워크에서부터 자동화공장 시스템이 만들어내는 모든 것과 특히 지구 환경을 이해하고 우리가 어떻게 환경

조건을 향상시킬 것인지에 관심을 두고 있다.

학교를 발전시키기 위한 획기적 계획은 있는가.

▶학교 내부를 위해서뿐만 아니라 학교 밖 사람들과의 협력을 위해 매우 적극적으로 정보기술(IT)을 사용하고 있다. 특히 MIT 오픈코스웨어(OCW)'로 불리는 시도에 매우 큰 관심을 두고 있다. 앞으로 5년 안에 MIT의 모든 코스를 월드와이드웹에 개방해 누구나 무료로 접근하도록 할 방침이다. 학과 자료를 공개해 모든 나라의 학생 · 교사들이 혜택을 보고 서로 더 잘 배우며 각자의 교육 시스템을 향상시키는 데 도움을 받게 할 것이다. 매우 이례적이지만 큰 성과를 거둘 것이다.

다른 아이비리그 학교에 비해 상대적으로 적은 교수진과 학생에도 불구하고 많은 노벨상 수상자를 배출했고 세계적 명성을 얻고 있다. MIT를 세계적 대학으로 만든 원동력은 무엇인가.

▶먼저 잘 선정된 소수 학과에 집중하고 있다는 점이다. 우리는 엔지니어링, 사이언스, 인문 · 사회과학, 매니지먼트(슬론 스쿨), 건축설계 등 겨우 5개 단과

세계 석학에게 듣는다

대학을 가지고 있다. 다섯 개만 가졌지만 엄청나게 집중하고 있다. 할 것과 하지 않을 것을 구분한 것이 성공의 한 요인이다.

두 번째는 기초과학부문의 여러 학자가 MIT에서 손을 맞잡고 일하고 있다. 기초과학을 다루는 학자들이나 이를 이용하는 매니지먼트, 엔지니어링 부문 학자들은 서로를 매우 존중한다. 강점의 조합과 상호존중이 MIT를 강하게 만드는 또 하나의 요인이다.

세 번째로 젊은 교수들에게 자신이 중요하다고 생각하는 것을 추구할 수 있는 엄청난 자유를 주고 있다. 우리는 매우 높은 수준의 목표를 선임교수나 학교가 정하지 않고 그들이 중요하다고 믿는 대로 정하도록 한다. 많은 정열과 우월성이 젊은 교수들의 자유로운 결정에서 나온다고 믿고 있다.

강의와 평가는 어떻게 하는가.

▶강의와 연구를 분리해 생각하지 않아 양자가 모두 교육에 이바지하고 있다. 교수들은 연구과제를 교실에서 가르침으로써 능동적으로 최신 정보를 제공한다.

이곳 사람들은 매우 강한 직업윤리를 가지고 있다. 이들은 자신이 하는 것이 얼마나 중요한지를 믿고 정열을 바칠 각오가 돼 있다.

우리만의 독특한 제도로 8년 동안 재직한 교수들을 대상으로 엄격한 심사를 하고 있다. 누가 떠나고 누가 종신교수로 남느냐를 정한다는 점에서 매우 중요하다.

소위 '방문위원회'라는 매우 정교한 평가제도를 운영하고 있다. 방문위원회는 이사회, 졸업생, 총장이 3분의 1씩 지명한 학자나 산업계 인사들로 구성된다. 이들은 매년 각 학과 활동을 이틀씩 엄격히 심사하고 조언한다. 외부 비판이나 의견을 받아들여 각 학과는 항상 첨단학문을 유지할 수 있게 된다.

과학·기술 연구개발의 첨단을 달리고 있는 MIT를 이끄는 입장에서 과학기술의 중요한 큰 변화를 든다면.

▶특별히 생명과학부문의 상당한 확대를 찾아볼 수 있다. 20년 전 생물학은 MIT의 미미한 부문이었다. 지금 생명공학과는 MIT의 핵심으로 의학연구는 물론 암연구센터와 정부지원의 두뇌연구센터 기억연구센터 등을 갖고 있다. 가히 혁명적이며 진보가 아닌 거대한 변화라고 할 수 있다.

인간 유전자 해석도 큰 진전을 보이고 있다. 인간의 마음이나 신경 등을 연구하는 신경과학도 매우 중요한 과학의 첨단부문이다.

나노기술도 앞으로 20~30년 간 발전할 여지가 있다. 아울러 대규모의 복잡한 차세대컴퓨터 시스템이나 커뮤니케이션 엔지니어링 등과 환경부문, 자원의 한계성을 감안해 지열과 물질의 원천을 찾는 것 등이 주요 과제가 될 것이다.

많은 대학이 외국으로 진출하고 있다. MIT의 뛰어난 교육과 연구 시스템을 외국 특히 한국에 확장할 계획은 없는가.

▶연구활동과 관련해 우리는 한국과 좋은 관계를 유지하고 있다. 교수 개인은 물론이고 대학이나 기업들

베스트(Charles M. Vest) MIT 총장

과도 관계를 맺고 있다.

다만 대규모 전략적 제휴 면에선 단지 2개 파트너만 가지고 있다. 하나는 케임브리지대와 설정한 CMIT고 또 하나는 싱가포르대와 만든 SMA다.

연구 수준에서는 도쿄대를 비롯한 많은 제휴처를 가지고 있고 한국과는 원자력 연구를 비롯한 여러 특수부문에서 협조하고 있다.

현재로선 대규모 제휴를 확대할 계획이 없으며 다만 많은 한국 사람이 우리의 오픈코스웨어(OCW)에 다양하게 참여하기를 바라고 있다.

학생들에게 MIT 내에서의 학문적 · 사회적 공동체생활을 강조한 것으로 알고 있다. 특별한 이유가 있는가.

▶다소 미국 중심의 이슈인데 대다수 학생은 MIT에 와서 직접 학문적 사명과 관련되지 않은 작은 공동체의 작은 존재라는 생각을 갖게 된다.

우리는 1학년 학생들을 지원하는 방안을 만들어 이같은 생각을 변화시키고 있다. 보다 많은 교수진을 학생공동체에서 살도록 하고 학생들이 보다 다양한 운동을 배우도록 스포츠나 체력단련 시설 등을 배치하고 있다. 학생공동체와 교수진과의 보다 밀접한 네트워크도 갖추고자 한다.

무엇이 정답인지 모르고 청사진도 없지만 교수진과 학생들이 보다 많은 식사 기회를 갖고 사회적 쟁점을 토론하도록 시도하는 중이다. 더 많은 강사진이 참여하도록 해 공식적이건 비공식적이건 학생들에게 보다 많은 에너지를 부여하려고 한다.

대학이 학생들에게 가치를 가르치는 데 실패했다는 비판이 일고 있다. 가치를 가르치는 것과 지식을 전달하는 일을 어떻게 조화시킬 것인가.

▶이는 미국뿐만 아니라 전세계 고등교육에 대한 매우 정확한 비판이다. 나는 미국의 전반적 교육이 소위 직업중시주의(vocationalism)에 너무 치우치는 경향이 있다고 생각한다. 많은 대학이 학생들에게 단지 경제 또는 직업과 관련한 실제적 교육을 하고 있다. MIT 역시 다른 많은 대학보다 낫다고 생각하지 않는다.

가치를 가르치기 위해 먼저 커리큘럼을 바꾸고 있다. 현재 대학 4년 중 1년은 어떤 전공이든 인문 · 사회과학을 배워야 한다. 과목 구성에도 주의깊게 관심을 기울이고 있으며 연구 · 개발과 아울러 가치와 윤리를 가르치도록 강사나 활동을 배치하려고 노력하고 있다.

모든 학생이 과학이나 기술의 윤리적 역할과 책임을 깊이 있게 생각하고 있지 않지만 서서히 나아질 것으로 기대하고 있다.

지난해 중요한 환경프로젝트를 맡은 것으로 알고 있다. 이를 통해 MIT가 기대하는 것은 무엇인가.

▶모든 대학은 과학 관련 학과를 가지고 있다. 이들은 소량이지만 잠재적으로 해로운 생물학적 또는 화학적 물질을 여러 실험실로 나누어 두고 있다.

우선 대학에서 사용하는 이들 물질을 창의적이면서 실제 활용 가능하도록 감시하고 추적하는 시스템을 개발하려고 한다. 각각의 물질에 바코드를 붙이거나 보안을 강화하고 컴퓨터로 데이터베이스를 만들어 관리하는 것이다.

단순하지만 실질적이며 강력한 감시시스템 소프트웨어를 만들어 모든 대학이 활용할 수 있기를 기대한다.

한국에서는 학생선발이 사회적 문제로 등장하고 있다. MIT의 사례를 설명해 달라.

▶학생을 뽑는 데 먼저 양적인 부문을 본다. SAT 성적이나 고교성적 등 학문적 성취도가 중요한 측정대상이다. 아울러 질적인 평가도 하게 되는데 에세이를 읽는 능력이나 인터뷰 능력, 교사 평가서, 학교 밖 활동 등을 본다.

이상 두 가지를 중시하면서 위험수용 능력도 평가하고 있다. 비상한 능력이나 도전적 자세는 매우 중요하다. 리더십도 중요한 평가대상 가운데 하나인데 커뮤니티 서비스, 음악적 재능 등이 포함된다.

양적 질적 지표로 일단 유능한 학생을 분류한 뒤 서로 다른 국가적 배경이나 경제적 문화적 특성 등을 감안해 선발한다.

대학이 지속적으로 발전하려면 재정적 안정을 유지하는 게 매우 중요하다. MIT의 재정상태와 장기 목표를 말해 달라.

▶이 문제는 미국적 관점에서 말할 수밖에 없다. 나라에 따라 기준이 다르기 때문이다.

MIT는 사립대학으로 등록금과 정부·기업 등이 연구와 관련해 지원하는 기금, 기부금 등 세 가지 수입원을 갖고 있다. 기부금 총액은 지난해 6월 말 기준 61억달러다. 매년 기부금 이자 일부를 재정으로 사용하고 있다.

대략 35% 정도를 연구와 관련된 지원금으로 충당하고 20% 정도를 등록금으로, 나머지 50% 가까운 금액을 기부금으로 충당하는 것이 우리 목표다.

모든 재원을 조달하기 위해 엄청난 경쟁을 해야 한다. 교수진은 좋은 아이디어를 내놓고 시장에서 경쟁하고 기업을 대상으로 연구기금을 조달한다.

기부금 확보에는 대학의 질이 매우 중요하기 때문에 그만큼 열심이 일해야 한다. 돈이 없는 학생들을 위해선 재정지원을 하는 대신 열심히 가르쳐 그들이 돈을 벌어 갚도록 한다.

기부금은 미국 대학 순위로 6~7위지만 1인당 기부금 순위로는 12~13위 정도로 아직 부자는 아니다. 그만큼 열심히 연구하고 기부금을 받아들이려 한다.

교육의 질과 관련해 교수 1인당 학생수는 어떻게 유지하고 있나.

▶전체 1만204명 학생에 955명 교수가 있으니 비율은 10.7 정도다.

학부는 기본적으로 건물 면적당 학생수가 제한돼 교수당 학생수를 조정할 어떤 계획도 없다.

대학원은 보다 자유시장(free market)이며 통제도 없다. 대학원 등록 수가 지속적으로 늘어나고 있으며 이에 따라 교수당 학생수가 유동적이다.

대학원생들은 대부분 연구를 하며 많든 적든 연구장비를 갖추고 있다. 최근 학부와 대학원 비율을 점

베스트(Charles M. Vest) MIT 총장

검할 필요를 느낄 만큼 대학원생이 늘어났지만 증가 추세가 완만해질 것으로 보고 있다. 연구비를 점점 사적 재원에 의존해야 하기 때문이다.

슬론스쿨 MBA과정 학생이 최근 수년 간 급격히 늘어나 세심한 계획을 세우고 있지만 당분간 커다란 변화는 없을 것이다.

산학협력은 어떤 방식으로 이루어지고 있는가.

▶우리는 연구의 21%를 산업계 지원으로 하는데 400개 이상 회사가 참여하고 있다. 전략적 제휴를 맺은 주요 기업파트너로는 포드 머크 메릴린치 NTT 휴렛패커드 듀폰 등이 있으며 연간 300만~700만달러를 지원하고 있다.

진짜 문제는 MIT가 어떻게 소기업과 연대하느냐이다. 우리는 학생들을 내보내고 아이디어를 제공하면서 생명공학이나 정보기술 부문의 많은 기업을 출범시켰다. 작은 기업과 리서치하는 것은 더 어렵다. 벤처펀드에서 창의적 기부를 받아 새로운 기술을 개발해 새 회사를 설립하는 제도도 운영중이다.

학생들을 반년 또는 1년 정도 기업에 보내 현장에서 경영이나 기술을 배우게 하는 제도도 운영하고 있다. 이를 통해 창의적 일꾼을 만들어낸다.

이와 함께 산업계와 환경이나 에너지 등을 연구하고 있다.

10년 이상 대학을 운영해 왔는데 대학 최고경영자로서 요구되는 자질은.

▶대학 최고경영자는 교수들의 목표를 달성할 수 있도록 실질적인 에너지를 제공하고 대학과 상호작용을 해 꿈을 실현시켜 줘야 한다.

재원을 찾는 데 많은 시간을 할애하고 있다. 아울러 MIT와 대학 밖의 정부·산업계와 실질적인 다리 구실을 하면서 양쪽 의견을 전달하고 MIT가 무엇을 할 것인지를 정한다.

외부 변화를 이해하고 기회를 잡아야 하며 이 기회를 교수진과 학생들에게 전달하는 구실도 한다. 어떤 조직의 리더건 중요한 순간에 명백한 가치와 원칙을 정할 능력을 갖추고 있어야 한다.

학교 이사회를 '회사(the Corporation)'라고 부르는데 무슨 이유가 있나.

▶회사와 상당히 비슷하기 때문이 아닌가(웃음). 근본적으로 MIT는 사립학교며 1861년 매사추세츠주에서 법인으로 설립됐다. 때문에 일반기업과 같은 형태를 취하게 됐으며 이사회와 회장 총장 등을 두고 있다.

베스트 총장은 누구

베스트(Charles M. Vest) MIT 총장은 온화하면서도 기부금 모금과 관련해 정부를 상대로 소송을 불사할 만큼 강직한 면도 있다. 또 MIT의 재정을 반석에 올려놓은 공로도 인정받고 있다.

웨스트 버지니아 출신인 그는 미시간대 대학원에 진학해 당시로선 첨단부문인 홀로그래피로 박사학위를 받고 그 곳에서 교수로서 자리를 잡았다. 81년 한시적 조건으로 공대 부학장을 맡은 것을 계기로 대학 경영을 익혀 MIT 총장까지 맡게 됐다. 이런 점에서 전형적 성공신화의 주역이기도 하다.

90년 6월 MIT 총장으로 지명된 그는 91년 5월 정식으로 취임하기 전 매주 MIT를 찾아 인터뷰를 하고 현장을 돌며 문제점을 파악해 취임 전 이미 외부인의 한계를 극복했다.

업무 중심 인재관리 시급

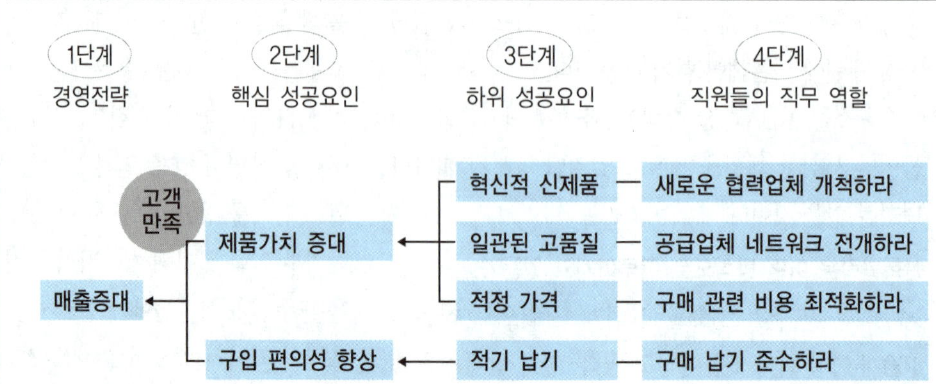

한국P&G에 근무하는 구매 기획 담당자 권 모씨(30) 명함에는 'Import planner(외자구매 기획 담당)'라고 적혀 있다. 권씨에게 회사에서 하는 일이 뭐냐고 물어봤다.

"내가 담당하는 P&G 제품 재고를 최적화하면서 구매 납기를 제때 맞추는 일입니다."

국내 유수 대기업인 S사 구매담당자 박 모씨(31) 명함에는 '구매팀 대리'로 적혀 있고 마찬가지로 하는 일을 묻자 다음과 같은 대답이 나왔다.

"전표처리하고 기획안 작성하고 상사 지시에 따라 거래업체에도 다녀오고 이것저것 할 일이 많습니다."

타워스페린은 이 같은 간단한 사례만 살펴봐도 한국 기업과 외국계 기업간에 어떠한 차이가 있는지를 파악할 수 있다고 밝혔다. 외국계 기업은 직원들이 자기 임무를 분명히 인식할 수 있도록 업무 성격을 규정해주고 당사자들도 이를 확실히 인지하고 있는 반면 한국 기업 직원들은 업무 분담과 규정이 모호하다는 설명이다.

정철 타워스페린 부장은 "외국계 기업은 벌써 명함에서 차이난다"며 "이들 기업은 인력 활용도를 극대화하기 위해 철저히 업무 중심으로 인적자원을 채용·관리하고 있다"고 말했다. 이는 우수 인력들이 사내에서 자기 현 위치와 정체성을 파악할 수 있도록 돕는다. 회사에서 시키는 대로 일상적인 업무만 좇아가다 평범한 비전문가로 전락하는 한국 기업 상황과는 대비된다는 얘기다.

타워스페린은 직무 중심 인적자원관리 시스템을 구축하기 위해 다음과 같은 절차가 필요하다고 설명했다. 우선 회사의 성과목표 달성을 위해 해야 할 핵심 직무를 재정의한다. 필요한 직무에 따라 적정한 인력규모를 산정하고 대상 직무가 요구하는 자격요건에 적합한 인력을 선발한다. 직원들에 대한 보상관리는 상대적인 직무 가치에 따라 보상을 차별화하고 직무가 요구하는 자격 요건을 갖춘 인력을 승진시키는 체제를 엄격히 확립한다.

직무 중심 인력 운영과 함께 기업들이 주목해야 할 점은 '경영진의 리더십'이다. 직원들이 자기 업무에 몰입해 성과를 극대화할 수 있도록 지속적으로 동기를 부여하는 경영진의 리더십은 기업들의 인사관리 전략에서 핵심적 위치를 차지하는 것으로 나타났다.

국내 직장인들은 경영자가 갖춰야 할 행동양식으로 업무 목표와 방향 제시, 직원에 대한 이해와 배려, 성과에 대한 인정 등을 우선순위로 꼽았다. 결국 인적자원관리(HR)에서도 최고경영자 능력과 행동은 우리 기업들이 결코 간과해서는 안될 부분이다. 또 타워스페린은 "기업들이 더 높은 사업성과를 내기 위해서는 직원들로 하여금 업무에 집중할 수 있는 환경을 만들어 주라"고 제안한다.

구성원들이 맡은 업무에 집중하고 개인 역량을 충분히 발휘하도록 하기 위해서는 '업무 집중의 선순환 고리'를 만들어내야 한다는 것이다. 선순환 고리는 다음과 같다.

회사는 사업성과 중 일부를 조직의 업무 프로세스 효율화에 투자한다. 전사적으로 업무 프로세스가 재정비되면서 직원들은 그만큼 효과적으로 개인 업무를 처리하고 업무에 집중할 수 있게 된다. 이는 회사 성과로 연결되고 성과 중 일부는 직원 역량 강화를 위한 교육 개발 프로그램에 대한 투자로 이어진다. 직원들의 회사에 대한 만족도가 높아지면서 다시 성과창출을 위한 에너지로 전환된다.

김부영 컨설턴트는 "한국 기업들이 과연 선순환 고리로 돌아가고 있는지 냉정한 검토가 필요하다"고 지적했다. 타워스페린이 국내 기업을 컨설팅한 경험에 따르면 국내 기업들의 낙후된 인사관리 관행이 업무 집중도를 떨어뜨리는 악순환을 유발하고 있다. 특히 기업들은 단기 경영성과가 악화되면 중장기 기업경쟁력에 대한 고려 없이 비용줄이기에 매달리는 '허리띠 졸라매기' 식 경영전략으로 쉽게 선회하는 경향을 보이고 있다. 하지만 이러한 경영관리 방식은 자칫 인재 활용의 악순환 고리로 빠지기 쉽다고 김 컨설턴트는 설명한다.

기업들이 악순환 고리를 끊지 못한다면 성과에 따른 보상 차별화 정책이나 교육개발 프로그램을 구축했다는 말은 단지 시류에 편승한 미사여구로 끝나기 쉽다. 그는 "비용 삭감을 위해 단행한 감원, 복리후생, 교육비 축소 등 조치는 직원들의 업무 몰입과 회사 충성도 저하로 이어질 수 있으므로 신중히 해야 한다"고 덧붙였다.

직무 중심 인사시스템 구축

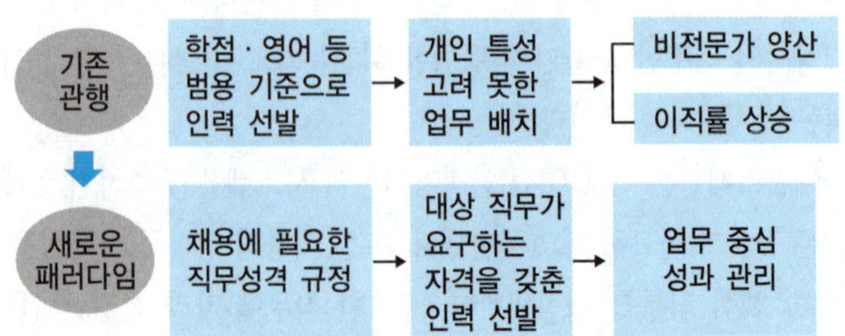

소비자들이 제품을 구매하기에 앞서 제품 브랜드를 살펴보는 것처럼 구직자들도 회사를 선택하기에 앞서 회사 이미지와 가치를 중요하게 생각한다. 이승철 상무는 "유능한 인재를 선발하고 유지하기 위해서는 높은 급여와 인센티브 등 금전적 요소만으로는 불충분하다"며 "종업원 브랜드(employee brand) 창출은 직원들의 업무 집중도를 높이기 위해 빠뜨릴 수 없는 요소"라고 지적했다.

기업 브랜드가 소비자 충성심을 높이는 것처럼 종업원 브랜드는 직원들의 충성심을 높인다. 회사의 종업원 브랜드가 높을수록 직원들은 강한 소속감을 갖고 상대적으로 낮은 이직률을 보이게 된다. 마이크로소프트, 휴렛패커드 등은 종업원 브랜드 구축을 통해 높은 성과를 달성한 대표적 사례다.

'지나친 간섭'이 일본교육 문제

학교폭력, 교실붕괴, 가치관 상실…. 이웃나라인 일본에서도 한국과 마찬가지로 교육위기를 걱정하는 목소리가 높다. 정부나 매스컴에서 그 원인과 대책에 골몰하고 있지만 뾰족한 해결책을 내놓지 못하고 있다.

21세기 지식정보사회에서 교육의 기능은 어느 때보다 강조되고 있지만 일본 교육은 좀처럼 앞으로 나아가지 못하고 있다. 일본 교육계를 대표하는 안자이 유이치로(安西祐一郎) 게이오대 총장을 만나 일본 교육 현주소와 그 해결책에 대해 들어봤다.

'교실붕괴' 원인은 어디에 있나.

▶교실붕괴(일본에서는 '학급붕괴'라고 함)는 가정이 붕괴했기 때문에 나타난다. 가정은 교실의 거울이다. 일부 학부모는 밤늦도록 집에 돌아오지 않는다. 또 일찍 들어오더라도 '장래를 위해서는 공부만 열심히 하라'는 말만 한다. 정작 아이들에게 자기편이 없다.

교실붕괴를 해소하기 위해서는 두 가지 방법이 있다. 첫째는 가정에서 자녀와 어머니가 사이좋게 지내는 일이고 둘째는 초등학교 때 산수나 국어 등 기초적인 학문을 분명히 가르치는 것이 중요하다. 기초학력이 떨어지면 콤플렉스를 낳을 수 있다. 따뜻한 가정과 확실한 기초교육이 교실붕괴를 없애는 첩경이다.

21세기 지식정보화사회를 맞아 '생각하는 힘을 길러주는 교육' '창조적인 인간 만들기'에 대한 관심이 높아지고 있다. 일본 교육계는 어떻게 대처하고 있나.

▶일본 교육의 가장 큰 문제는 지나친 간섭에 있다. 가정이나 학교나 마찬가지다. 가정에서는 부모들이, 학교에서는 교사들이 아이들과 학생들에게 가르치고 훈련시키려 든다.

창조라는 것은 자유로운 사고와 자유로운 행동을 통해 길러진다. 자유로운 교육과 여유있는 시간이 필요하다. 스스로 자유롭게 생각하고 행동하도록 곁에서 지켜보는 것이 중요하다. 일본의 교육은 너무나 학교에 틀어박아 놓고 교육했다. 학생들에 대한 대대적인 규제완화가 필요할 때다.

자유롭게만 해주면 되나.

▶물론 간섭이 전혀 필요없다는 얘기는 아니다. 교육에는 두 가지 방식이 있다. 간섭을 통해 아이들을 단련시키거나 훈련시키는 것이 하나고 둘째는 자유롭게 해주는 것이다. 일본에서는 간섭이 필요할 때는 자유롭게 풀어주고, 자유롭게 해줘야 할 때는 학교나 방안에 가둬두고 공부를 시키려고 하는 사례가 많다.

인간은 기본적으로 한 가지 이상을 생각하지 못한다. 창조를 얘기하면 거의 방임상태를 주장하고 반대로 간섭을 얘기하면 자유는 이내 사라져 버린다.

이 같은 극단적인 생각에 균형이 필요하다. 이는 교육자 몫이다. 특히 대학에서 그 일을 해야 한다.

21세기는 지식·정보 격차가 모든 승패를 가름한다고 한다. 대학의 기능은 무엇인가.

세계 석학에게 듣는다

▶두 가지로 생각할 수 있다. 첫째는 어떤 정보가 좋은 정보, 진짜 정보인지를 판단할 수 있는 능력을 길러주는 것이다. 요즘은 정보가 범람하고 있다. 사회에 나가 남보다 한발 앞서가기 위해서는 이 같은 정보 가운데 유용하고 질 높은 정보를 한눈에 찾아내는 힘이 필요하다. 이 같은 판단 능력을 대학에서 길러야 한다.

둘째는 스킬(Skill 기술)이다. 경험을 통해 몸에 익히는 것이 바로 스킬이다. 자동차 운전이 그렇다. 교본에 쓰여진 대로 운전을 한다고 운전실력이 느는 것이 아니다. 변호사도 실제 법정에서 경험을 통해 익히지 않으면 안된다.

최근 가상(Virtual)교육에 대한 관심이 높다.

▶버추얼교육은 전세계적인 흐름이다. 교육도 기업과 마찬가지로 세계 흐름에 맞춰가야 한다. 그러나 최근 가상교육에 대한 논의를 보면 교육 내용보다는 수단에 치중하는 느낌이다. 버추얼교육도 그 교육을 통해 무엇을 배울 수 있는지에 대해 생각하는 것이 중요하다.

상품화가 가능한 지식은 가상교육으로도 수행할 수 있다. 예를 들어 두부같이 잘라서 팔 수 있는 지식은 가상교육이 더 효과적일 수 있다. 하지만 잘라서 팔 수 없는 지식도 있다. 아이들은 학교에서 선생님이나 친구들과 직접 접촉하면서 배운다. 초등학교 교육은 역시 스킨십(skinship)이다. 예를 들어 가상교육만 하는 MBA과정에서는 진정한 경영자가 갖춰야

할 스킬을 익히기 어렵다. 버추얼로만 하는 교육은 반쪽밖에 배울 수 없다.

정보기술(IT)은 21세기 정보화 시대에 필수불가결한 요소라고 한다. 일본 대학은 어떻게 대처하고 있나.

▶IT 활용 면에서 게이오대는 일본에서 선두를 달리고 있다고 해도 과언이 아니다. IT와 멀티미디어를 활용한 원격수업으로 유명한 게이오대 쇼난 후지사와(湘南藤澤·SFC) 캠퍼스를 이미 12년 전에 설립했다. 실제로 SFC캠퍼스가 일본 대학계에 준 영향은 상당하다.

하지만 일본 대학이 IT를 진정으로 활용하고 있다고 보진 않는다. IT를 통한 교육을 하기 위해서는 교육내용(콘텐츠) 축적이 필요하다. 이를 위해서는 강의내용을 디지털화해야 하는데 비용도 그렇거니와 콘텐츠를 디자인하는 것도 쉬운 문제가 아니다.

학교 강의실에서 강의할 때 모호한 부분은 대충 넘어갈 수도 있다. 그러나 IT를 이용한 수업은 모든 것을 정확히 하지 않으면 안된다. 그것은 여간 어려운 것이 아니다. 이에 대해 교육계는 진정한 고민을 해야 한다고 본다.

최근 한국에서는 교육 개방에 대한 논의가 활발하다. 반면 일본 교육계는 폐쇄적이라는 지적이 있다.

▶사실 대학 교육은 너무 폐쇄적이다. 일본어라는 언어문제 때문일 것이라고 생각했는데 한국을 보면 그렇지도 않은 것 같다. 한국은 일본과 달리 빠른 개혁을 통해 대학분야에 경쟁을 유도해가고 있다.

일본 교육환경은 너무 갇혀 있다는 느낌이다. 너무 동질적이다. 교육은 분명히 개방해야 한다. 교육은 다양성을 추구하면서 성장해야 한다. 그러기 위해서는 여러 민족이 함께하는 장이 필요하다.

인터넷 등장으로 영어에 대한 중요성이 커지면서 일각에서는 영어를 제2공용어로 하자는 주장이 있다.

▶영어가 중요한 것은 사실이다. 하지만 제2 공용어까지 해야 하는지는 잘 모르겠다. 제2 공용어로 하면 뭔가 해결되지 않겠느냐는 초조한 기분은 알 것 같지만 일본문화라는 것도 있어 어렵다는 생각이다.

문제는 일본에서 영어학습을 하는 방법이 너무도 이상하다는 점이다. 10년을 공부해도 말도 못하고 쓰지도 못한다. 앞서 말한 스킬교육이 제대로 돼 있지 않기 때문이다.

또 하나, 영어를 잘하려면 모국어를 잘해야 한다는 점을 간과한다. 모국어로도 말을 제대로 못하고 쓰지 못하는데 영어를 잘할 리 없다. 즉 생각하는 능력과 논리를 기르는 것도 영어공부와 함께 생각해야 할 대목이다.

'일본은 10년을 잃어버렸다'고들 한다. 일본 재생의 길을 교육에서 찾는다면.

▶좋은 인재를 사회에 배출하는 것이 대학이 해야 할 책무다. 그러나 앞서도 얘기했지만 언제 간섭하고, 언제 자유롭게 해줘야 하는지에 대한 경계가 없다.

여기서 한 가지 대학과 대학원 기능을 얘기하고 싶다. 일반적으로 대학 학부는 여러 분야를 두루 섭렵하고 전문분야는 대학원에서 공부한다고 한다. 모두 이 논리를 너무나 당연한 것으로 받아들인다.

하지만 가만히 생각해 보면 나는 그 반대가 상식적이라고 생각한다. 대부분 대학원생들은 졸업 후 취업을 한다. 연구자가 되는 등 전문가가 되는 사례는 흔하지 않다. 이는 문과뿐만 아니라 이공학부도 마찬가지다. 한편 대학 학부는 고등학교 연장선밖에 안된다.

대학원에서 창조력을 길러야 한다. 박사과정도 그렇다. 기본 지식을 바탕으로 창조적인 생각, 자유롭게 생각하면서 자기 길을 찾아야 한다. 자기 길을 찾기 위해서는 배경지식이 있어야 한다. 그 지식을 바로 대학 학부에서 익혀야 한다.

안자이(安西) 총장 약력

- 46년 도쿄 출생
- 69년 게이오대 공학부 졸업
- 74년 동 대학원 공학박사
- 81~82년 카네기멜론대 객원조교수
- 85년 홋카이도대 문학부 행동과학 조교수
- 88년 게이오대 이공학부 전기공학과 교수
- 90년 미 맥길대 객원교수
- 92~2001년 게이오대 이공학부장, 대학원 이공학연구과 위원장
- 2001년~현재 게이오대 총장

무분별한 순환보직제 – 범용 인재만 양성

글로벌 투자은행인 JP모건체이스. 세계 각지에서 최고 인재들이 몰려드는 금융권의 '인재사관학교'로 불린다. 일단 이 곳에 취직만 되면 최고 금융전문가가 될 수 있는 '고속철도 티켓'을 거머쥔 것과 마찬가지다.

지난해 JP모건체이스는 투자은행의 핵심 인력인 투자은행가(Investment banker)를 양성하기 위해 대졸 신입 직원 400여 명을 채용했다. 이들은 입사 후 6주 동안 진행되는 '애널리스트 트레이닝 프로그램'을 이수하면서 어느 부서에 배치받더라도 기본 업무를 수행할 수 있는 지식과 자질을 습득한다. 물론 훈련은 혹독하다. 일명 '지옥훈련'으로 불린다.

6주 교육을 마치면 JP모건체이스는 신입 직원들을 위해 이틀 동안 '비즈니스 페어(Business fair)'를 연다.

이 때 모든 사업부서 실무자들이 참석해 자기 부서 업무 성격에 대해 설명하고 그들이 요구하는 직원 자질과 능력을 제시한다. 신입사원들이 스스로 자기 자질과 적성에 맞는 부서를 희망할 수 있게 배려하는 것이다.

이러한 과정을 거쳐 일단 근무부서가 결정되면 신입 직원들은 2~3년 동안 분야별 애널리스트로 활약한 후 '어소시에이트'로 승진한다. 어소시에이트로 승진한 뒤에는 절대로 '강제적인' 부서 이동이 없다.

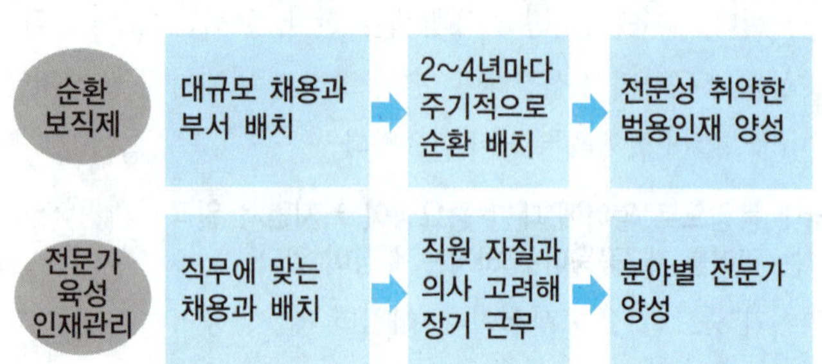

본인이 희망하는 부서에서 전문성을 키울 수 있도록 회사가 배려하기 때문이다.

그러면 국제경쟁력을 갖추겠다며 인재육성에 목청을 돋우는 한국 은행들은 어떤가. 입행 당시 유능한 인재라며 주위의 기대를 모았던 은행원들은 대부분 시간이 흐를수록 어느 업무에서도 전문성을 갖추지 못한 범용 인재로 전락하고 만다고 타워스페린은 지적한다.

김동진 타워스페린 부장은 "일본 기업의 경력개발 시스템을 모방하면서 시작된 국내 기업의 '순환보직제'는 체계적인 인력 육성·개발이라는 당초 취지와는 거리가 멀다"고 지적했다. 국내 은행들이 최근 순환보직제에서 많이 탈피했다고는 하지만 대다수 은행은 여전히 장기적인 인재양성 계획 없이 '사람을 돌리는' 관행을 되풀이하고 있다고 김 부장은 분석했다.

한국식 연봉제 버려라

"한국 기업들이 '이미 시행하고 있다'고 주장하는 성과보상제도는 여전히 경직적이고 하향 평준화한 보상제도에 불과하기 때문에 인재를 끌어들일 만한 유인책이 못된다."

'한국 기업 HR 실태조사'에서 국내 기업들의 직원 보상에 대한 투자 비중에서 고정급이 차지하는 비중은 54%, 성과와 연동되는 변동급은 14%인 것으로 집계됐다.

이는 선진 외국 기업과 비교할 때 성과연동급 비중이 낮은 것은 아니지만 개인별 급여차를 통해 직원 개인에게 동기를 부여하기에는 상당히 부족하다고 타워스페린은 분석한다. 선진 외국 기업들이 성과에 따른 급여를 상당히 차별화함으로써 직원들의 업무 집중도를 높이고 있는 반면 우리 기업들은 아직까지도 경직된 보상 프로그램을 운영하고 있다.

국내 B사는 경쟁업체보다 성과보상제도를 일찍 도입해 많은 다른 기업에 참고가 됐던 곳이다. 하지만 새 보상제도를 도입한 지 3년 후에 마케팅부서 핵심 인력들이 줄줄이 경쟁 외국 업체로 스카우트되는 사례가 불거졌고 결국 핵심부서 중간 관리층 50% 이상이 이탈하는 상황에 직면했다. 이 회사에서 외국계 기업으로 자리를 옮긴 브랜드 매니저 최 모씨 얘기를

한국식 연봉제와 서구식 연봉제

한국식 연봉제	서구식 연봉제
회사 전체 임금인상률 중 40~50%만 성과에 따른 차등 인상 재원으로 활용	회사 전체 인상률 100%를 성과에 따른 차등 인상 재원으로 활용
인사부서에서 미리 설정된 인상표에 따라 개인별 인상률 결정	●인사부서에서 유연한 임금 인상 가이드 제시 ●연봉 인상률은 현업 부서장이 주어진 예산에서 개인별 성과에 따라 결정
고성과자와 저성과자간 개인별 인상률은 2~5% 차이	최고 성과자 10% 이상 인상, 저성과자는 동결

들어보면 이직 사유를 알 수 있다.

"내가 담당한 신제품이 시장에서 히트해 많은 수익을 회사에 안겨줬을 때도 정작 개인에게 돌아온 것은 다른 사람보다 월 2만~3만원밖에 오르지 않은 급여였습니다."

상당수 국내 기업은 회사 전체 임금 인상률 중에 40~50% 정도만 성과에 따른 급여 차등 재원으로 활용하고 있다. 예를 들어 회사가 전체 임금 총액을 5% 인상하기로 했다면 이 중 2% 정도만을 차등 재원으로 쓴다는 얘기다.

반면 외국계 기업은 전체 임금 인상률 100%를 급여 차별화 재원으로 활용하는 데다 최고 성과자는 10% 이상 임금을 인상하고 저성과자는 임금을 동결해 연봉 상한과 하한이 크게 차이난다.

무분별한 순환보직제도 우리 기업경쟁력에 부담이 되고 있다. 국내 A은행에 근무하는 김 모 과장은 일

류 명문대를 우수한 성적으로 졸업한 수재였다.

입행 후 남보다 한 발 앞선 승진 가도를 달리며 부러움을 받았던 그는 얼마 전 외국계 은행에 근무하는 친구들을 만나면서 회의를 품게 됐다. 본인보다 나을 게 없던 친구들이 어느 새 특화된 전문가로 성장한 반면 자신은 여전히 '범용 인력'이었다는 사실을 확인했기 때문이다. 그는 입행 후 출납업무부터 시작해 지급, 예금상담, 가계대출, 외환, 본점 여신관리 등을 두루 거쳤지만 어느 업무에서도 전문성을 내세울 수 없었던 것이다.

노현탁 타워스페린 컨설턴트는 "국내 은행들이 행내에서 금융 비리를 방지한다는 목적으로 비계획적인 순환보직제를 실시하고 있어 범용 인력을 양성하는 굴레에서 벗어나지 못하고 있다"고 지적했다. 물론 국내 은행들도 선진적 인사시스템을 도입하기 위해 노력하고 있다.

국내 S은행은 2001년 하반기 공채에서 업무 분야를 개인금융, 기업금융, 전산 등 세 분야로 나눠 선발했으며 한 부서에서 장기간 근무할 수 있도록 할 방침이라고 밝혔다. 하지만 상당수 국내 은행은 여전히 '직원은 돌려야 한다'는 강박관념에 사로잡혀 자주 부서를 이동시키고 있다.

외국계 기업들은 체계적인 '인사경력개발 시스템'에 따라 인재 순환 기준을 달리하고 있다. 그 중 하나는 제한된 분야에서 오랜 업무경험을 쌓도록 유도해 해당 분야 전문가로 육성하는 것이고 또 하나는 다양한 기능분야를 체계적으로 경험하면서 해당 사업능력을 축적할 수 있도록 관리해 미래의 경영자나 전략 전문가로 육성하는 것이다.

이치훈 타워스페린 컨설턴트는 "선진 외국 기업들은 한 걸음 더 나아가 직원 욕구를 감안한 '맞춤형 보상체계'를 도입해 우수 인력 확보에 온 힘을 쏟고 있다"고 말했다.

세계 최고 기업가치를 지닌 미국 마이크로소프트(MS). MS가 고속 성장한 배경에는 세계 최고 인재들이 포진할 수 있는 여건을 마련해 준 확실한 인사관리와 보상 프로그램이 있었다. MS는 갈수록 격해지는 인재쟁탈전에서 또 다른 인재 유인 카드를 내놓았다. 바로 '총보상 최적화(Total Reward Optimization)' 프로그램이다. 이는 한마디로 직원들이 원하는 보상 스타일은 무엇인지 심층 분석해 종업원들이 느끼는 보상의 한계효용을 최대한 키우는 작업이다.

우수 인재에게 제공하는 금전적·비금전적 보상 내용 중 금전적 측면을 강조하는 인재에게는 한시적으로 더 많은 금전적 보상을 하고 교육을 통한 역량 개발을 원하는 사람에게는 차별된 교육개발 프로그램을 적용해 직원 개개인 만족도를 높이는 것이다.

핵심인재를 선별 관리하라

핵심인재 관리 개념도

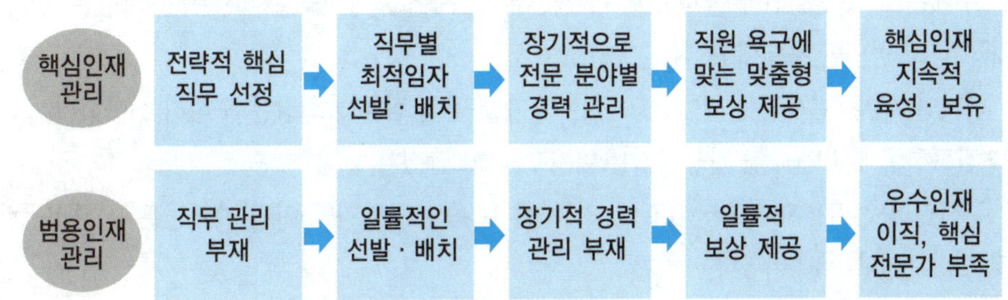

"한 그룹이 모든 산업에서 1등을 차지하겠다고 선언하면 당장 잠꼬대 같은 소리를 한다는 비아냥을 들을 것이다. 마찬가지로 한 회사가 모든 직무 분야에서 최고 인재를 보유하겠다는 생각도 큰 모순이다."

박귀현 타워스페린 부장은 "우수 인재 확보를 위한 기업간 경쟁이 갈수록 치열해지는 상황을 감안할 때 인재 확보와 관리에도 선택과 집중이 필요하다"고 강조했다. 이를 위해 기업은 우리 회사 '전략적 핵심 직무'가 무엇인지를 먼저 파악하고 이를 수행하면서 최고 성과를 낼 수 있는 핵심 인재를 선발·배치하는 데 주력해야 한다.

핵심 인재는 단순히 학벌이 좋거나 '성실하고 책임감 있다'는 말로 표현되는 일반적 의미의 우수 인재가 아니다. 기업 경쟁에서 승리하는 데 핵심적인 구실을 할 수 있는 최적임자를 말한다. 전략적 핵심 직무에 대한 정의는 회사마다 다를 것이다. 예를 들어 최고 기술력에 기반을 둔 제품력 확보가 최우선 전략이라면 기술연구 담당이 핵심 직무가 되어야 한다.

반도체업체인 시프레스(Sypress)는 핵심 사업전략으로 '첨단 기술력 확보'와 함께 '강력한 마케팅 전개'를 선정했다. 하지만 이 회사는 영업과 마케팅 직무를 담당하는 핵심 인력들이 자주 이탈해 목표한 사업전략을 제대로 수행하지 못하는 난관에 봉착했다. 시프레스는 목표 달성을 위해 영업과 마케팅 분야 핵심 인재를 확보한 뒤 이들을 오랫동안 붙잡아둘 수 있는 유인책이 필요하다고 판단하고 면밀한 종업원 조사를 실시했다.

이를 통해 금전적 보상뿐 아니라 학습개발 등을 지원해주는 포괄적인 HR 프로그램이 핵심 인재를 유치할 수 있는 중요한 열쇠라는 것을 확인하고 영업마케팅 핵심 인력들에 대한 차별된 HR 계획을 실행해 인재를 확보하는 데 성공했다.

해외 CEO에게 듣는다

올해 2분기에 '태블릿'이라는 새로운 개념의 PC가 나온다. 노트북컴퓨터의 액정화면 크기만한 모바일PC로 무게는 노트북 절반에 불과하다. 이 제품은 빌 게이츠 마이크로소프트(MS) 회장이 "5년 안에 주류를 이룰 것"이라고 공언한 차세대 PC다.

하지만 세계 PC시장을 휘어잡고 있는 마이클 델 델컴퓨터 회장은 오히려 신중하다. 그는 "태블릿PC 개념을 검토하고 있지만 수용 가능한지는 미지수"라고 답했다.

무선인터넷 이용자가 확산되고 있고 PC를 대체하고 있지만 이런 기기들은 PC대용품이 아니라 부수적인 것으로 보인다는 게 이유다.

또 포켓PC는 다른 PC와 연결해 사용하고 있어 단독 수요를 창출하기에는 불분명한 부분이 많다는 의견을 덧붙였다. 지난해 PC시장 불황에도 불구하고 델컴퓨터는 성장을 계속했다. 세계 PC시장 점유율 40%를 넘보고 있을 정도다.

정보기술(IT)업계는 이에 놀라움을 금치 못한다. 성장 비결이 무엇일까. 마이클 델 회장은 '직접 판매 모델(Dell Direct Model)'이라고 단언한다. 그가 텍사스 의대에 재학하고 있던 84년 고안한 이 마케팅 모델은 중간상을 거치지 않고 최종소비자에게 직접 PC를 공급하는 방식이다. 특히 96년부터 각국에 개설한 온라인 쇼핑몰을 통해 매출에서 절반 이상을 차지한다.

델 회장은 "직접 판매에 따른 효율성을 통해 저렴한 공급가격으로 경쟁력을 갖춰 업계 1인자로 성장했다"고 설명했다.

마이클 델 약력

- 1965년 2월 출생
- 82년 텍사스대 의과대학 입학
- 83년 PC와 주변기기 판매로 수익사업 시작
- 84년 대학 중퇴, 델컴퓨터 창업
- 92년 포천 500대 기업 가운데 최연소 CEO에 선정
- 97·98·99년 비즈니스위크 선정
  '올해의 톱 경영자 25인'
- 현재 미국 상공회의소 이사, 세계경제포럼 위원, 스미소니언상 심사위원회 위원

델컴퓨터는 불황기에도 최강의 마케팅 능력을 보여주었다. 어려운 점은 없었는가.

▶경제상황을 예견하기 어렵고 불분명한 요소도 많다. 특히 어려웠던 지난해에는 경기에 상관없이 대처할 수 있는 방법을 찾아내는 게 중요했다. 델의 가장 큰 장점인 직접 판매는 그런 점에서 주효했다. 제품 장점을 살릴 수 있는 좋은 기회였다. 직접 판매를 통해 소비자에게 맞는 서비스와 기술지원 그리고 적절한 기술을 탑재한 수준 높은 제품으로 효율성을 입증한 것이다.

직접 판매 방식을 한국에서 적용하기는 힘든 것으로 평가받고 있는데.

▶그렇게 생각하지 않는다. 온라인과 더불어 이뤄진 고객과 직접적인 관계는 비즈니스 모델의 기본이다. 서로 믿는 것은 고객이 자기 인프라스트럭처 설정을 위해 중대한 투자를 하도록 만들기 위한 바탕이다. 직접 판매 모델은 고객 중심을 실현하는 답이다. 지역이 따로 없고 문화가 따로 없다. 모든 상품 마케팅과 판매에서 고객감동은 비즈니스의 전제 조건이다.

올해 화두로 등장할 수 있는 유망한 기술은 어떤 게 있겠는가.

▶무선랜을 첫 손가락에 꼽고 싶다. 불과 1년 전에는 일반인에게 너무 고가라는 평가가 있었지만 지금은 공항 카페 학교 기업 등 모든 장소에서 이 수요를 볼 수 있다. 앞으로 몇 년 동안 주요 공공부문 사업분야에서 무선랜이 거대한 수요를 창출하는 것을 보게 될 것이다. 이 같은 무선기술과 노트북 결합으로 소비자 욕구를 충족시킬 수 있을 것이다.

IT가 세계경제를 이끌어 나갈 것으로 믿는가.

▶IT분야에서 촉매제 구실을 하는 요소들이 있다. 펜티엄4와 윈도XP가 이런 구실을 잘 해내고 있다. 세계적으로 데스크톱PC 30%와 노트북컴퓨터 25% 수명이 적어도 3년 이상이어서 새로운 수요창출 가능성을 기대할 수 있다고 생각한다.

인력감축 비용절감 등 기업들이 불황기에 살아남기 위한 대처 방법은 많을 것이다. 최선의 방법을 소개한다면.

▶분야에 상관없이 만약 무언가를 해야 한다면 반드시 어느 누구보다 앞서 나가야 한다. 톱이 돼야 한다는 것이다. 성공한 기업을 모방하거나 따라하는 것은 굉장히 힘든 일이다. 나는 가치창출을 위한 새로운 기회를 찾는다. 개인적으로는 테크놀로지가 새로운 기회창출을 위한 매력적인 부문이며 이를 경영에 접목하는 것이 비결이며 새로운 사업분야라고 생각한다.

PC산업 수익성이 점점 떨어지고 있다. 앞으로 전망은.

▶수익성 악화는 피할 수 없다. 기술 발전이 워낙 빠른 IT부문에서 특히 하드웨어 이익률은 계속 저하될 것이다. 수익성 창출이 갈수록 어렵고 이익을 내야 한다는 부담은 어느 때보다 커지고 있다. 요즘 진행되고 있는 업계 내 기업 인수·합병(M&A)도 그런 맥락에서 이해해야 할 것이다. 부담을 줄이고 고객만족을 강화하기 위해 앞으로 몇 년 동안 IT분야에서 합병은 지속될 것이라고 생각한다.

한국시장에 대한 투자 계획은.

▶델은 한국 대기업·공공기관·교육기관에 중점을 두고 고객센터와 영업 등 지원부서를 갖춘 한국지사를 통해 고객창출에 힘쓰고 있다. 또 매년 수십 억달러에 달하는 부품을 구입하고 있으며 삼성과 액정화면(LCD)분야 제휴로 델 노트북컴퓨터와 평면모니터에 장착하고 있다. 앞으로도 지속적인 투자와 제휴를 통해 한국 고객의 이익창출을 위해 힘쓸 것이다.

한국에서 IT산업이 나아갈 바에 대해 충고를 해 준다면.

해외 CEO에게 듣는다 | 마이클 델 델컴퓨터 회장

▶국제적 역량을 키울 수 있는 촉매제 구실을 할 수 있는 사업분야로 인터넷, 인트라넷, 콘텐츠 개발과 더불어 브로드밴드, 무선랜 등을 꼽을 수 있다. 또 많은 기업이 이런 분야 공급업체와 물류, 유통 그리고 기술제공을 통해 부가가치를 높이고 기회를 창출할 수 있으리라 믿는다.

경영철학

마이클 델 회장은 "직원이면 누구나 전자우편으로 나와 대화할 수 있으며 이런 시도를 언제라도 환영한다"고 말했다.

그는 또 "미국 본사에서 시행하고 있는 타운 홀 미팅을 통해 직원 의견에 귀를 기울이고 있으며 가능한 한 다른 지역에서도 이런 기회를 많이 가지려고 노력한다"고 밝혔다.

세계 각국 임직원과 '열린 대화'를 한다는 게 경영철학의 핵심인 셈이다.

델 회장은 "임원부터 그들 팀에 이르기까지 많은 상호 대화를 통해 필요한 결정을 도출하는 데 이바지하고 있다고 확신한다"고 말했다.

그는 촌각을 다투는 바쁜 와중에서도 가족과 친구를 위해 개인시간을 할애하려고 노력하고 있으며 아이들에게 책을 읽어주거나 조깅을 하면서 스트레스를 해소하고 있다고 밝혔다.

처음 델컴퓨터를 설립했을 때 고객에게 많은 가치를 제공하는 기업을 만드는 게 목표였다고 밝힌 델 회장은 "고객을 위해 가치창출을 할 수 있는 것은 아직도 많으며 그 때까지는 은퇴하지 않을 생각"이라고 말했다.

그는 또 "사람이 우리가 가진 가장 중요한 자원이며 이들은 우리 고객들을 기쁘게 만들 수 있고 직원들은 이런 능력을 갖고 있다고 믿는다"고 말했다.